ALMA OBREGÓN

DISFRUTA DE LA REPOSTERÍA

ALMA OBREGÓN

DISFRUTA DE LA REPOSTERÍA

Recetas dulces que siempre salen bien

 Planeta

© Alma Obregón Fernández, 2024
© Editorial Planeta, S. A., 2024
Av. Diagonal, 662-664, 08034 Barcelona
www.editorialplaneta.es
www.planetadelibros.com

Fotografías de interior: © XimenaySergio, © Shutterstock
Fotografías de las recetas: © Alma Obregón Fernández
Diseño de interior y maquetación: © Rudy de la Fuente
Iconografía: Grupo Planeta

Primera edición: febrero de 2024
Segunda impresión: mayo de 2024
Depósito legal: B. 2.394-2024
ISBN: 978-84-08-28463-5
Preimpresión: Safekat, S. L.
Impresión: Gráficas Estella
Printed in Spain – Impreso en España

Índice

Introducción

La frase que más me han repetido desde que decidí dedicarme
a los dulces es: «Uy, qué difícil es la repostería. A mí lo salado se me
da genial, pero para los postres soy un completo desastre». Esta frase,
que a mí siempre me ha sorprendido, porque mi experiencia es la
opuesta —sí, lo confieso, lo salado se me hace muy cuesta arriba—,
me la repiten todo tipo de personas, de diferentes edades y bagajes
gastronómicos. Además, suele ir acompañada de una retahíla de
anécdotas con las que ilustran sus fracasos reposteros mientras
alaban cómo en la cocina salada todo sale bien a la primera y de
forma más sencilla. De hecho, existe una idea generalizada de que
la repostería es muy difícil y que solo unos pocos elegidos son
verdaderamente capaces de elaborar pasteles con éxito. Pues bien,
nada más lejos de la realidad. Este libro viene a desterrar todos estos
miedos sobre la repostería y a probarte que, si quieres, puedes.

Preparar dulces con éxito no requiere de ningún hechizo
o sortilegio: solo hay que tener claras unas bases y ser minuciosos
con nuestras elaboraciones. ¡El resto sale solo! Para que nunca
más te agobies cuando tengas que enfrentarte a la preparación
de un postre, en estas páginas he recogido todos mis trucos
y recomendaciones. También encontrarás los consejos que doy
a mis alumnos para que jamás se les resista un dulce. Veremos
igualmente la explicación que se esconde detrás de ciertas
indicaciones en las recetas para que dejen de surgirte dudas
cuando estés en plena elaboración.

Te prometo que, juntos, conseguiremos hacer unos dulces
irresistibles.

Mi objetivo —desde que empecé a publicar mis recetas—
ha sido siempre acercar la repostería a todos los públicos y también
facilitar que interpretar las recetas no sea como descifrar un
jeroglífico. A mí, al principio, se me hacían cuesta arriba los libros
de recetas con un millón de ingredientes y pasos a seguir. Por eso
lucho tanto para conseguir simplificar y acercar la repostería a todos
aquellos que quieran empezar con ella por primera vez.

Déjame que te acompañe en las páginas de este libro mientras
descubres todos los entresijos del maravilloso mundo de la repostería.
Te garantizo que, cuando acabemos, no habrá dulce que se te resista.

El libro está planteado como si de un curso de pastelería se tratara.
Comenzaremos por las recetas más básicas, que se irán complicando
poco a poco para que, una vez estén afianzadas las bases, podamos
meternos en harina —nunca mejor dicho— y buscar retos pasteleros que
nos hagan mejorar y llevar nuestros dulces a otro nivel.

¿Empezamos?

Seis consejos imprescindibles para que todas las recetas queden perfectas

Antes de comenzar, veamos los seis consejos que nunca hemos de olvidar cuando preparemos un postre:

1. Elige una receta «completa»: Cuando vayamos a elegir una nueva receta, desterremos todas aquellas que incluyan algún ingrediente «a ojo». También desentendámonos de aquellas a las que les falte algún dato fundamental: el tamaño de molde, el tiempo o la temperatura de horneado. Según vayamos ganando experiencia, podremos suplir esas ausencias de información con los conocimientos adquiridos, pero, para empezar, lo mejor es siempre seguir una receta detallada al 100 %.

2. Compra todos los ingredientes necesarios: Cuando empezamos, muchas veces nos entra la tentación de sustituir unos ingredientes por otros. Normalmente porque no los tenemos en la despensa y nos da pereza comprarlos «para una receta» o porque preferimos evitar cierto ingrediente o similar, pero un porcentaje elevadísimo de los fracasos en repostería se deben a esa sustitución de ingredientes. Sigamos para descubrir por qué no debemos cambiar nada...

3. Pesa todos los ingredientes y no modifiques las cantidades: A partir de ahora observaremos las recetas como si de fórmulas químicas se tratara. Igual que no cambiaríamos las cantidades de un experimento en un laboratorio —¡igual explota!—, no debemos modificarlas en nuestras recetas. Sé que la tentación de introducir variaciones en algunas es muy poderosa; de hecho, la más habitual es reducir el azúcar o cambiar la harina de trigo por alguna otra. Pero tenemos que pensar que cada ingrediente juega un papel en la receta y que, cuando modificamos la cantidad de uno, alteramos totalmente el resultado. Si no tenemos un ingrediente o, por la razón que

sea, hay un componente que no queremos usar, busquemos una receta que no lo lleve.

Una buena receta sin azúcar estará ajustada para elaborarse así, sin azúcar, y habrá otros ingredientes que suplirán sus funciones. En cambio, si omitimos el azúcar de una preparación que está pensada para llevarlo, el resultado puede ser catastrófico. En cualquier caso, en este libro veremos con detalle el papel que desempeñan algunos de estos ingredientes y entenderemos por qué no es tan sencillo modificarlos sin alterar el producto final. De todos modos, no debemos desesperarnos si hay algún alimento que queremos —o necesitamos— variar obligatoriamente en una receta. En el siguiente capítulo veremos algunas sustituciones admisibles que nos darán margen para poder hacer ciertos cambios cuando hayamos cogido algo de experiencia.

4. **Ten en cuenta el tamaño del molde que requiere la receta y los tiempos de horneado y enfriado:** Al contrario de lo que mucha gente piensa, el molde en el que horneamos afecta al resultado, y no solo en lo que respecta a su tamaño, sino también a su material. Cualquier cambio que realicemos en el molde repercutirá directamente en el tiempo de horneado y en el producto final. En este libro veremos cómo influyen estas modificaciones en el resultado —y en los tiempos de horneado— para que, si no disponemos del molde requerido, podamos variarlo sin afectar a la receta.

5. **Aprende de tus errores:** Nadie nace aprendido. En estos catorce años de elaboraciones, he sufrido todo tipo de desastres reposteros. Se me han quemado bizcochos, se me han pegado innumerables cremas pasteleras, he abrasado chocolate, explotado *macarons*, licuado merengues... Pero me gustaba demasiado este mundo como para dejarme derrotar. Tal vez por ello he pasado

a encajar los errores como aprendizajes. Cuando algo no me sale, me tomo el tiempo de valorar qué he hecho mal y pensar en cómo lo puedo hacer mejor la próxima vez. A veces se trata de caer en la cuenta de que hemos cometido un error tonto y evitar repetirlo; otras veces no es tan evidente y dar con el problema implica hacer varias pruebas y revisar cada paso hasta descubrir en qué nos hemos estado equivocando. Dicho esto, de cada error surge una nueva enseñanza y más ganas de volver a elaborar la receta para mejorar.

6. Por último, no puedo dejarme en el tintero un consejo que no es tal, sino que verdaderamente es una orden: ¡disfruta! Saborea el maravilloso mundo de la repostería. Goza del proceso de selección de la receta, de su elaboración paso a paso y, por supuesto, del momento de su degustación. Siempre he pensado que la repostería tiene un carácter casi terapéutico, pues nos hace concentrarnos tanto que evita que pensemos en otras cosas —y, por ende, nos evade de nuestros problemas del día a día—. Por eso, no te pongas demasiada presión cuando elabores las recetas, trata simplemente de disfrutar del proceso y de esa sensación de evasión y creatividad que nos proporciona el hecho de meternos en la cocina y crear un maravilloso postre a partir de lo que antes no eran más que unos cuantos gramos de diferentes ingredientes.

Sobre
las herramientas
y los ingredientes

Hay varias herramientas que aparecen en todas —o casi todas— las recetas. En esta sección explico las que más usaremos y, sobre todo, alternativas para algunas, por si no las tenemos en casa:

- **Báscula:** Nuestra gran aliada, sin ella no podremos elaborar ninguna receta. Recomiendo buscar una lo más precisa posible. Para medidas muy pequeñas podemos apoyarnos en unas cucharitas medidoras si es que la báscula no consigue pesarlas. En este libro están indicadas las medidas pequeñas tanto en gramos como en cucharaditas o cucharadas.

- **Cucharas medidoras:** Son muy útiles para medir aquellas cantidades pequeñas que a veces la báscula no consigue detectar. Cabe recordar que cuando usamos una cucharada o cucharadita, estas son medidas de volumen y que el peso variará en función de lo que estemos midiendo; es decir, no podemos pasar de mililitros a gramos, ya que no pesará igual, por poner un ejemplo, una cucharadita de azúcar que una de maicena. Si utilizamos la medida en cucharaditas o cucharadas tendremos que usarlas siempre rasas y con un set estándar —no vale la cuchara para sopa y la de café, tienen que ser específicas de repostería—. Recordemos también que la cucharadita es la de 5 ml y la cucharada es la de 15 ml. Al final del libro hay una tabla con los pesos y medidas más habituales.

- **Horno:** Todas las recetas del libro están pensadas para ser elaboradas en un horno doméstico, pero es muy importante tener en cuenta que hay muchas variaciones de una marca a otra. Recomiendo ir evaluando nuestro horno a base de ensayo y error, sobre todo si es uno que nos obliga a usar el ventilador —normalmente recomiendo bajar 15 ºC—, pero dependerá también mucho de la fuerza del ventilador. En todo caso, si dudamos de si el horno está a la temperatura que indica —y de si la mantiene durante todo el horneado— es mejor comprar un termómetro de horno —son muy económicos— que nos permitirá comprobar en todo momento si la temperatura es la correcta. Por otro lado, usaremos pocas funciones: calor arriba y abajo y, en contadas ocasiones, aire, así que cualquier horno sencillo valdrá y dará buen resultado.

- **Tamiz:** En casi todas las recetas tendremos que tamizar los ingredientes secos para airearlos y que se integren mejor entre ellos.

- **Termómetro digital:** Es esencial en muchas de las elaboraciones de este libro. Hoy en día existen de muchos tipos diferentes y en un gran rango de precios. Yo recomiendo uno de sonda, porque son los más prácticos.

- **Batidora eléctrica manual o de sobremesa:** Es nuestra gran aliada para la elaboración de las recetas. Evidentemente la más cómoda y eficaz es la de sobremesa, ya que nos libera las manos para añadir ingredientes —o simplemente para recoger la cocina— mientras bate, pero con una de mano también podremos elaborar las recetas de este libro.

- **Batidor danés:** Está muy de moda actualmente y es perfecto para el primer mezclado cuando elaboramos masas fermentadas y también para masas con frutas que no queremos dañar con las varillas.

- **Robot de cocina, picadora o procesador de alimentos:** Algunas recetas de este libro requieren su uso para integrar la mantequilla fría con los ingredientes secos. Si no disponemos de uno, podemos hacernos con una cuchilla de masas, que es una aliada perfecta para elaborar este tipo de preparaciones.

- **Cuchilla de masas:** La forma tradicional de integrar la mantequilla fría con los ingredientes secos. Una buena alternativa si no tenemos un robot de cocina.

- **Batidora de inmersión:** Perfecta para emulsionar las *ganaches* más rebeldes. Su uso es opcional, pero suele haber una en todas las casas y nos ayudará a obtener una emulsión perfecta.

- **Mangas pasteleras y boquillas:** Esenciales para decorar nuestros postres. Yo uso mangas pasteleras desechables, porque son muy cómodas e higiénicas. Las boquillas que más usaremos en este libro son la 1M, la 2A, la 4B y la 6B.
- **Espray desmoldante:** Nuestro mejor aliado para evitar que se nos peguen las masas a los moldes.

Además, usaremos herramientas básicas de cocina como el batidor de varillas, espátulas, lenguas, así como diferentes moldes que están especificados en cada receta. No obstante, si no disponemos del molde exacto, en este libro encontraremos también la forma de adaptar la receta a los diferentes moldes.

Respecto a los ingredientes, vamos a analizar a continuación los más importantes, que son los que más se repiten, y veremos en concreto otros que aparecerán puntualmente en nuestras recetas.

La harina

La harina es el polvo fino que se obtiene al moler un cereal —u otros alimentos como las almendras—. Para repostería utilizaremos la de trigo, ya que es la que más se ha usado tradicionalmente y la que mejor resultado da por su composición y por su contenido en gluten. En este sentido, uno de los errores más habituales es cambiar la harina de trigo por otro tipo de harina sin hacer ningún ajuste adicional. Esto genera un problema en la receta, ya que los diferentes tipos de cereales no tienen las mismas características, variando así su contenido en gluten o su capacidad de absorción, entre otras cosas; por eso, mi recomendación es respetar siempre la harina que se indica en la receta, aunque al final de este apartado veremos unas

pistas por si queremos hacer algún cambio. En el supermercado encontramos varios tipos de harina de trigo en función de su contenido en proteína. Esta es importante, porque crea una malla que da estructura a nuestra masa y permite atrapar el gas que se genera dentro de ella mediante el batido, el impulsor o la fermentación, lo que hace que los alimentos crezcan. Para bizcochos, galletas o magdalenas querremos que esa malla no sea excesivamente fuerte, lo justo para retener el gas y obtener una miga suave y esponjosa. Pero para la bollería buscaremos una fuerza adicional, que nos permita incluir ingredientes como la mantequilla, huevos, azúcar... sin que esto afecte a la fermentación de la masa y a su crecimiento posterior. Por eso, cuando vayamos al supermercado nos fijaremos bien en la harina que compramos:

- **Harina todo uso o común:** Es perfectamente apta para ser utilizada para repostería, ya que suele ser floja, con unos 9 g de proteína por cada 100 g de harina. Esta harina generará masas poco elásticas y con una miga aireada. Podemos usarla para todas las recetas de este libro, exceptuando aquellas en las que se requiera harina de fuerza o panadera.
- **Harina de repostería:** Es un poco más floja que la común —normalmente en torno a los 8 g de proteína por 100 g— y está más refinada. Es ideal para repostería, aunque hay que tener cuidado con no confundirla con la harina bizcochona —la conocida en el mundo anglosajón como *self-rising flour*—, que ya lleva añadidos los polvos de hornear o levadura química. La harina bizcochona incorpora aproximadamente 1,5 cucharaditas de polvos de hornear por cada 250 g de harina, y este contenido nos descuadrará las cantidades de levadura y bicarbonato que contenga la receta que estemos usando —habría que ajustarlo todo y no siempre es posible—. Por eso,

desaconsejo comprar harina bizcochona.[1]

- **Harina panificable o panadera:** Tiene una fuerza intermedia entre la floja y la de fuerza —en torno a unos 10-11 g—. Muchas veces la obtenemos mezclando la harina de fuerza con la común. Es la ideal para hacer pan y será la que usemos para los *croissants* en este libro.
- **Harina de fuerza:** Tiene en torno a 12 % de proteína o más. Es perfecta para masas enriquecidas con mantequilla, huevos, leches... como los bollos, el roscón o el *brioche*. Dará lugar a una malla elástica y fuerte y la usaremos en el último capítulo de este libro.

Otra forma de clasificar la harina —algunas de supermercado lo indican, pero no todas— es mediante la W, que indica la fuerza. Cuanto más alto sea su número, más fuerza tendrá. Este valor nos permite conocer la capacidad de la masa para retener el gas producido por la fermentación. Según este valor tendremos:

> W80 a 100: harina de repostería
> W100 a 170: harina panificable
> W180 a 250: harina de fuerza
> W250 y más: harina de gran fuerza

En todo caso, lo más habitual es que, salvo que compremos en tiendas especializadas, en el supermercado podamos encontrarlas diferenciadas entre harina común, de repostería y de fuerza. En cuanto a la harina de trigo integral, tiene una mayor capacidad de absorción, por lo que, si no ajustamos las recetas, el resultado será denso y pesado y nuestros postres se secarán mucho antes.

---

1 ¿Cómo saber si la harina es bizcochona? Debemos fijarnos en el lateral del paquete de harina. Si indica 100 % harina de trigo, no lo es. Si además incluye otros ingredientes, normalmente indicados como «gasificantes», es bizcochona y podemos volver a dejarla en la estantería del súper.

Mi recomendación es comenzar siempre respetando el tipo de harina que se indica en la receta y evitar experimentos; pero, si quisiéramos usarla de todos modos, habría que aumentar la cantidad de líquido, normalmente en torno a un 15 %, para que el resultado final fuera similar al original. Con relación a la **harina sin gluten**, para suplir su ausencia —que ya hemos visto que juega un papel fundamental en la estructura de lo que elaboramos— se usan dos ingredientes: el psyllium y la goma xantana. El primero es la cáscara de una semilla que tiene la capacidad de absorber y retener gran cantidad de agua, a la vez que genera mucha viscosidad, lo que favorece una estructura similar a la del gluten, que atrapa el gas y hace que, además, la masa sea manejable. En este sentido, será nuestro mejor aliado para masas fermentadas sin gluten. Por otro lado, la goma xantana es un polisacárido que incrementa la viscosidad de los líquidos y tiene bastante elasticidad; nos ayudará en los bizcochos porque aporta cohesión a la miga, lo que compensa la ausencia de gluten de la harina. Además, las harinas sin gluten varían en su nivel de absorción, lo que nos obligará a ajustar los líquidos de la receta y a combinar varios tipos de harina para obtener un resultado cercano al original. Mis dos preparados recomendados:

- **Para bizcochos** (Siempre podemos usar una mezcla comercial para bizcochos sin gluten).

> 30 % de harina de avena sin gluten
> 30 % de harina de trigo sarraceno o de harina de quinoa o garbanzo
> 20 % de fécula de patata
> 20 % de almidón de maíz
> 10 g de goma xantana por kilo de mezcla

Incrementar un 20 % el líquido para compensar la mayor absorción de los almidones.

- Para bollería (Siempre podemos usar una mezcla comercial para pan sin gluten).

  50 % de harina de trigo sarraceno
  15 % de harina integral de arroz
  20 % de almidón de maíz
  15 % de fécula de patata
  60 g de psyllium por kilo de mezcla

  Si vemos que falta cohesión a la masa, podemos incorporar 10 g de goma xantana por kilo de mezcla.

  Incrementamos un 20 % el líquido para compensar la mayor absorción de los almidones.

El azúcar

¡Ay, el azúcar! Es un elemento fundamental en repostería. Su papel no es solo endulzar, sino que su presencia afecta directamente al crecimiento de la masa en el horno y a su textura final: además de interactuar con la grasa de la receta, debilita el gluten, dando lugar a bizcochos y galletas más tiernos y suaves. El azúcar también hace que las masas se conserven jugosas más tiempo, eleva la temperatura a la que se coagula la proteína del huevo y tiene un papel fundamental en la reacción de Maillard, el proceso químico que hace que nuestros bizcochos y galletas se doren por la superficie. Por todas estas razones es conveniente no modificar la cantidad de azúcar que indica la receta si queremos obtener un resultado óptimo.

En algunas preparaciones, en vez de azúcar blanco, usaremos azúcar de caña integral o panela. Esto se debe a que nos aporta matices en el sabor, mayor humedad a las masas y, en el caso de las *cookies*, una textura chiclosa que combina perfectamente con los bordes crujientes que crea el azúcar blanco.

Si aun así no queremos añadir azúcar a nuestras recetas, podemos sustituirlo por otros endulzantes, pero deberemos tener en cuenta que el resultado diferirá de la receta original, no subirá ni sabrá igual:

- **Panela:** Si la receta pide azúcar blanco y usamos panela el resultado tendrá un sabor más intenso a melaza y será notablemente menos dulce. Además, la masa subirá un poco menos. Las recetas de este libro que llevan panela están ajustadas para contrarrestar ese efecto.
- **Pasta de dátiles:** Al igual que con la panela, el resultado será menos dulce y la masa subirá menos. Suelo recomendar ajustar la cantidad probando, ya que la capacidad de endulzar también varía en función de si la pasta es casera o comprada y de la variedad de dátiles utilizada —recomiendo usar los dátiles Medjool para preparar nuestra pasta casera; el truco es remojarlos al menos 30 minutos en agua caliente antes de triturarlos, de esta forma se ablandan y la crema queda espectacular—.
- **Miel, sirope de agave, sirope de arce:** El resultado será bastante cercano al de la receta original en términos de esponjosidad y crecimiento de la masa, aunque afectarán al sabor, sobre todo en el caso de la miel y el sirope de arce, que tienen un sabor más característico.
- **Edulcorantes artificiales:** En este caso, debemos comprobar si es apto para el uso que le vamos a dar y comprobar la dosificación. Existen marcas que han desarrollado mezclas de edulcorantes específicos para los diferentes tipos de preparaciones intentando proporcionar el acabado más cercano al que daría el azúcar blanco. Si utilizamos uno de estos, debemos tener en cuenta las indicaciones para la sustitución —por peso, volumen, porcentaje, etc.— y que el resultado diferirá del original, porque el edulcorante no hará todas esas funciones que realiza el azúcar.

Los impulsores y la levadura

LEVADURA QUÍMICA

Los polvos de hornear —*baking powder*— se han denominado en nuestro país levadura química, lo cual genera mucha confusión cuando estamos empezando en la repostería. Realmente, la levadura química no tiene nada de levadura,

sino que es un impulsor, un compuesto químico que combina bicarbonato sódico con un ácido y, normalmente, un almidón para evitar que se formen grumos y exceso de humedad. Al entrar en contacto esta mezcla con los ingredientes líquidos, y ante la presencia de calor, reaccionan y generan dióxido de carbono, o sea, burbujas que llenan nuestra masa y la hacen crecer.

Es muy importante que seamos precisos con las cantidades de impulsor, ya que afectarán directamente al resultado final. La falta de levadura química hará que los bizcochos no suban, queden encogidos por su base e incluso duros. Contrariamente a lo que pueda parecer, es importante recordar que aumentar la cantidad de levadura química en una receta no hace que la masa suba más: si hay un exceso, colapsará.

LEVADURA DE PANADERO

¡No confundir con la levadura química! La levadura de panadero es en realidad un hongo —el *Saccharomyces cerevisiae*—, y será la que usemos en las masas fermentadas.

En el supermercado encontramos dos tipos de levadura de panadero: fresca o seca. La fresca está en la zona de refrigerados y viene en bloques. Solo hay que desmigarla y mezclarla —podemos disolverla un poco en el líquido para facilitar su disolución—. La seca, por su parte, en nuestro país es habitualmente levadura instantánea, eso quiere decir que no necesita disolverse previamente ni tampoco activarse; de hecho, normalmente pone «mezclar directamente con la harina». Ambas levaduras son válidas para realizar masas fermentadas, solo varía la cantidad: siempre que una receta pida levadura seca y utilicemos fresca, deberemos poner siempre el triple de cantidad y, a la inversa, si pide levadura fresca y estamos usando levadura seca, pondremos siempre un tercio de lo que indica —9 g de levadura fresca = 3 g de levadura seca—. En este libro habrá siempre ambas opciones.

BICARBONATO

Este es otro causante de muchos conflictos reposteros. Muy habitualmente se comete el error de usar bicarbonato en sustitución de la levadura química, descuido que llevará la receta directamente al fracaso.

Como ya hemos visto, la levadura química es un compuesto —ácido + base— que entra en acción al estar en contacto con un líquido y calor. Cuando usamos bicarbonato sódico en una receta que pedía levadura química no tendremos garantizada esta reacción, ya que para que se dé obligatoriamente necesitamos un componente ácido que genere dióxido de carbono que haga subir la masa. Además, la reacción del bicarbonato sódico en contacto con el ácido que contenga la receta es entre tres y cuatro veces más potente que la de la levadura química. Es decir, si echamos la misma cantidad de bicarbonato que la de levadura química que pedía la receta —y tenemos suerte de que haya un ingrediente ácido en la preparación— será como si estuviéramos triplicando la cantidad de levadura química —lo que resultará, sin duda, en un bizcocho colapsado o, peor aún, un fuerte sabor a metal—. Por todo esto, es importante respetar el tipo de impulsor que pide la receta, así como la cantidad indicada.

Otros ingredientes importantes

HUEVOS

Los huevos juegan un papel fundamental en las recetas que los usan. Contribuyen a la estructura de la masa, ya que cohesionan los ingredientes y, a medida que se cocinan, se coagulan. También aportan humedad y constituyen una parte importante de los ingredientes líquidos de las recetas. Por último, son esenciales para la introducción de aire en la masa —en este libro veremos ejemplos de recetas de bizcochos en las que no usamos impulsor, ya que los huevos son los encargados de generar el crecimiento que requerimos—.

La sustitución del huevo en las recetas no es sencilla, por eso deberemos tener muy en cuenta estas tres funciones que tiene y valorar cuáles son primordiales en la receta que estamos preparando. En aquellas elaboraciones en las que haya un impulsor nos centraremos en buscar una alternativa que nos ayude a proporcionar la estructura y la cohesión típicas del huevo. Para bizcochos y galletas podremos usar, generalmente, puré de manzana, calabaza asada o plátano machacado —60 g de puré por huevo sustituido—. Pero si no queremos modificar el sabor de la receta, mi sustituto favorito es el «huevo vegano»: mezclamos una cucharada de semillas de lino trituradas con tres cucharadas de agua hirviendo por cada huevo sustituido y dejamos reposar unos 5-10 minutos antes de usarlo.

En las recetas en las que los huevos nos proporcionan aire —por ejemplo, en los merengues— tendremos que usar aquafaba; es decir, el agua de cocer los garbanzos o el líquido de los de bote, cuyas cualidades gelatinosas son similares a las de la clara de huevo y puede montarse a punto de nieve. La cantidad será de 30 ml de aquafaba por clara sustituida. Únicamente debemos tener en cuenta que tendremos que aromatizarlo —con vainilla u otro aroma— para evitar que nuestros merengues o bizcochos sepan a garbanzo.

LECHE

En este libro he utilizado en todo momento leche de vaca, y podemos usar la variedad que tengamos en casa: entera, desnatada, semi o incluso sin lactosa sin ningún problema. Contrariamente a lo que pudiera parecer, la leche es uno de los ingredientes que es más fácil de sustituir en las recetas por alternativas vegetales. De hecho, he probado a cocinar casi todas las preparaciones de este libro con leches vegetales sin ninguna catástrofe —tan solo una leve variación en el sabor, apenas detectable cuando usamos una leche suave como la de avena o arroz—. Un apunte: desaconsejo el uso de la leche de coco de lata para sustituir la leche de vaca, ya que es mucho más grasa y su sabor es muy intenso.

MANTEQUILLA

En todas las recetas de este libro en las que se usa mantequilla estamos hablando de mantequilla tradicional, con un 82 % de materia grasa y sin sal añadida. La mantequilla no solo aporta sabor, sino que es fundamental para la textura de los bizcochos y, sobre todo, de las cremas. Además, su grasa rodea las proteínas precursoras del gluten impidiendo su desarrollo excesivo en nuestras masas.

La utilizaremos siempre a temperatura ambiente salvo cuando se indique específicamente lo contrario, ya que de esta forma será como mejor se integre con el resto de los ingredientes, aportando suavidad a la masa y también facilitando la incorporación de aire a la misma, cuando se necesite. Solo será en recetas puntuales en las que necesitamos mucha estructura en la masa —como en las tartaletas cuando queramos una masa quebradiza, que se deshaga en la boca— cuando la trabajemos fría. Para las cremas la usaremos también a temperatura ambiente, ya que facilitará la emulsión con el resto de los ingredientes y la incorporación de aire al batirla.

¿Podemos utilizar otro tipo de mantequilla? Lo desaconsejo totalmente, ya sean mantequillas ¾, fácil de untar, *light*, etc., porque no podremos garantizar el producto final y, sobre todo en las cremas, los resultados pueden ser catastróficos. Una opción, si no podemos o no queremos tomar proteína de leche, es una manteca vegetal, que suelen funcionar bastante bien, aunque no todas las marcas las hacen igual, por lo que necesitaremos probar —teniendo en cuenta aquello que podemos o no tomar— hasta encontrar la que más nos convenza.

CACAO

En repostería usaremos siempre cacao puro. Es muy importante evitar usar cacaos con azúcares u otros ingredientes añadidos como, por ejemplo, los que se venden para preparar chocolate a la taza o que llevan espesantes y otros añadidos. Estos cacaos arruinarán nuestra receta casi con total seguridad. En este libro he usado, en todo momento, cacao puro alcalinizado; esto es, el que ha sido sometido al llamado «proceso holandés», que consiste en la elaboración del chocolate añadiendo una base (álcali) a la masa de cacao molida, para neutralizar así la acidez del chocolate. Es un cacao más oscuro que el natural —no procesado—, y es el que encontraremos al comprar cacao puro en el supermercado. ¿Cómo diferenciar el cacao alcalinizado del natural? Este último es más claro y tiene más tendencia a apelmazarse. El cacao alcalinizado tiene un color más oscuro, su sabor es menos ácido y más intenso y se disuelve mejor en los líquidos.

FLORES COMESTIBLES

En este libro utilizo mucho las flores naturales para decorar los postres. Es muy importante que siempre prestemos mucha atención a las flores usadas. Las más seguras —porque son comestibles— son: pensamientos, rosas, violetas, caléndula, clavel, crisantemo, hibisco, dalias, diente de león, lilas y margaritas. No habrá que retirarlas antes de comer porque se pueden ingerir, pero debemos recordar que cualquier flor que vayamos a usar debe estar libre de pesticidas y tratamientos que puedan resultar tóxicos al consumo.

Además, nunca debemos clavar el tallo de la flor directamente en nuestro postre. Hay que forrarlo siempre previamente con cinta floral e introducirlo en un pincho portaflor o proteger el final del tallo, además de con cinta floral, con una bolita de fondant. En caso de usar otras flores decorativas no tóxicas —fresias, gerberas o camelias—, habrá que retirarlas siempre antes de servir el postre y tener más cuidado que nunca con el forrado del tallo y el uso de un pincho portaflor.

Con todo, recordemos que hay flores que hay que evitar por completo, como los narcisos, las hortensias, las poinsetias, las azaleas o los rododendros. Debemos comprobar siempre antes de usar una variedad que desconocemos si es tóxica.

VAINILLA

La vainilla se obtiene de un tipo de orquídeas y es uno de los aromas más utilizados en pastelería. A mí me encanta. A la hora de elegir la vainilla para nuestra receta podemos optar por vainas de vainilla. En ese sentido, recomiendo buscar un buen proveedor, ya que la diferencia entre unas vainas de vainilla de alta calidad y las del supermercado es abismal. En estas fotos puedes ver cómo extraigo las semillas de una vaina de vainilla bourbon bio para su uso en las recetas. Esto es prácticamente imposible con las vainas de vainilla de supermercado, que suelen ser muy pequeñas y estar muy secas.

Como el precio de las vainas de alta calidad es muy elevado, uso muchas veces otro producto que también da muy buen resultado y cuyo precio es más asequible: la pasta de vainilla. Esta, cuando es de buena calidad, se elabora a partir de extracto de vainilla y semillas, y tiene una base de azúcar invertido o sirope de agave —dependiendo de la marca— que aporta mucho sabor a nuestras recetas.

Por último, otra buena alternativa es el extracto, elaborado también a base de vainas y con una base de alcohol que se evapora en la cocción. Desaconsejo el uso de saborizantes artificiales —ya sean en pasta o líquidos— porque el sabor que aportan se aleja demasiado del de la vainilla.

CREMOR TÁRTARO

El cremor tártaro es un ácido que nos ayudará a estabilizar las claras y a que el merengue quede mucho más firme. Pero ¡cuidado!, un exceso estropeará el sabor de nuestro bizcocho.

¿Y EL RESTO DE LOS INGREDIENTES?

En las diferentes recetas de este libro iremos viendo curiosidades y detalles importantes de otros ingredientes que vayan surgiendo, así como de las herramientas necesarias que sean más específicas.

Por último, antes de empezar

¿Hay dudas con algunos de los términos que utilizo en este libro? Aquí te dejo la definición de los más extraños que encontraremos.

ATEMPERAR

Nos referimos a que un ingrediente pierda el calor o frío excesivo y vuelva a una temperatura ambiente. También se usa este término cuando trabajamos con chocolate. En este caso, hace referencia al proceso que se realiza con este ingrediente para asegurar que cuando lo hemos fundido y queremos que se solidifique de nuevo lo haga manteniendo todas sus propiedades. Es decir, buscaremos que la manteca de cacao se recristalice de forma óptima, conservando la textura del chocolate en boca, su brillo y su «chasquido» al partirlo. Esto lo lograremos haciendo una curva de temperatura —fundiéndolo, enfriándolo y volviendo a calentarlo—[2]

---

[2] Dependiendo del tipo de chocolate, cambia la temperatura que debemos alcanzar al fundirlo. De hecho, fundiremos el chocolate negro a 50 ºC-55 ºC; si es chocolate con leche, a 45 ºC-50 ºC, y el blanco a 40 ºC-45 ºC. A continuación, debemos rebajar la temperatura del chocolate. En el caso del chocolate negro, hasta 27 ºC-28 ºC; el chocolate con leche a 27 ºC-28 ºC, y el blanco a 26 ºC-27 ºC. Finalmente, necesitaremos una subida de temperatura en el chocolate, que es la que va a garantizar que luego cristalice perfectamente. En el caso del chocolate negro debemos alcanzar los 31 ºC-32 ºC; si es chocolate con leche, a 29 ºC-30 ºC y el blanco a 28 ºC-29 ºC.

BAÑO MARÍA

Es un método de cocción indirecta que se usa cuando la preparación es muy sensible al calor y se estropearía si la exponemos a temperaturas altas. Por ejemplo, se utiliza para fundir chocolate o para calentar claras de huevo con azúcar para hacer merengue, pero también para cocinar tartas de queso, flanes, etc. Hay dos formas de hacerlo: la primera consiste en colocar los ingredientes dentro de un recipiente que no estará en contacto directo con la fuente de calor, sino que irá dentro de otro recipiente más grande que, a su vez, estará lleno de agua. En este caso, la cocción se realizará por el calor directo que proporciona el agua al calentarse. Se usa para tartas de queso, flanes, *puddings*, etc.

La segunda forma de hacerlo es sin contacto y la emplearemos cuando queramos ser especialmente cuidadosos con el calor que recibe nuestra elaboración. Colocaremos un cazo con 2 o 3 dedos de agua y, encima, un bol con la preparación, de forma que este no toque el agua y que el calentamiento se consiga por el calor que recibe del vapor del agua al hervir. Así fundiremos el chocolate y haremos el merengue suizo, por ejemplo.

BOLEAR

Usaremos mucho este término con las masas fermentadas cuando queramos dar forma de bola a nuestra preparación. Una vez fermentada, desgasificaremos y colocaremos nuestra masa sobre la mesa enharinada. Si estamos boleando la masa completa, con la propia masa haremos como si fuera un «hatillo» de tela; es decir, cogeremos los extremos y los iremos juntando en el centro. Después, le daremos la vuelta y todos esos pliegues quedaran en la parte de abajo, en el centro. En esa posición, daremos forma con nuestras manos hasta que parezca una bola. Esto no será solo en masas que deban tener esa forma final, también lo haremos muchas veces para que la masa recupere fuerza y tensión una vez ha superado la primera fermentación. Otras veces, lo haremos para dar la forma final a porciones de la masa, como en los bollos japoneses de este libro. En ese caso, podremos usar nuestras manos para dar esa forma de «bola». Lo importante es darles forma cóncava a nuestras manos para no aplastar la masa.

CUBRIR «A PIEL»

Se trata de cubrir con un *film* o similar nuestra preparación de forma que estén en contacto, sin que quede ningún espacio libre en medio. Se hace para evitar que se forme piel en preparaciones como la *ganache*, la crema pastelera, etc.

ESCUDILLAR

Proceso de repartir una masa o crema usando la manga pastelera.

FERMENTAR

La fermentación es el proceso mediante el cual la levadura transforma el almidón en glucosa. Así, la levadura se alimenta del azúcar naturalmente presente en la harina, proceso que solo tendrá lugar cuando usemos levadura de panadería, y no levadura química.

MONTAR

Consiste en batir con varillas manuales o eléctricas a gran velocidad un ingrediente, como pueden ser las claras o la nata, pero también cremas y otras emulsiones, de forma que les entre aire y logren una consistencia firme y aireada.

MOVIMIENTOS ENVOLVENTES

Es la forma de integrar dos preparaciones cuando una de ellas contiene aire en su interior. Se hace con cuidado y utilizando una lengua de silicona, de forma que no se «baje» o que no se pierda ese aire que tenía. Para lograrlo, moveremos la espátula como envolviendo la mezcla que tenemos en el centro del bol, con cuidado de no aplastarla.

TAMIZAR

Esta palabra hace alusión al hecho de pasar un ingrediente por un tamiz o colador, que normalmente sirve para eliminar grumos y facilitar la integración con los impulsores, además de que airea y eso ayuda a que se incorporen mejor.

A lo largo de este libro, encontrarás distintos niveles de dificultad a la hora de elaborar las recetas:

Fácil   Intermedia   Avanzada

Bizcochos

No podíamos comenzar este libro con otro capítulo que no fuera el de los bizcochos, ya que son la base de gran parte de las elaboraciones que hacemos en pastelería. Es esencial dominarlos para poder ir avanzando en nuestras creaciones reposteras. Hornear bizcochos perfectos se consigue con la práctica, pero hay varias normas que ayudan a lograrlo y que vamos a repasar a continuación.

Pesa los ingredientes con exactitud y asegúrate de que todos están a temperatura ambiente

Cuando todos los ingredientes están a una temperatura similar, la emulsión entre ellos se produce de una forma mucho más sencilla y el resultado es siempre mejor. Podemos sacar la mantequilla y los huevos de la nevera la noche anterior para así garantizar que estarán atemperados por la mañana. Un truco útil: si nos hemos olvidado de sacar la mantequilla, podemos cortarla en dados muy pequeños y dejarla en la encimera; de este modo se atempera rápidamente. Si en nuestra cocina hace mucho frío y está costando que se ablande, podemos meterla en el microondas, siempre en dados, a temperatura de descongelación de 15 en 15 segundos, hasta que tenga una textura de pomada, pero siempre evitando que se funda o reblandezca en exceso.

Asegúrate de que estás usando el molde correcto

Si usamos un molde de un tamaño diferente al que pide la receta, el resultado será catastrófico. Si es demasiado grande, el bizcocho quedará excesivamente fino, se cocerá antes del tiempo indicado en la receta y pensaremos que no ha salido bien porque no ha subido. Si el molde es demasiado pequeño, la masa se desbordará o, aunque no lo haga, quedará cruda y hundida por el centro.

Además, cuando hablo del tamaño de los moldes en mis recetas, a veces detallo si son altos —de 8 a 10 cm— o bajos —de 5 cm—, ya que esto afecta también a su capacidad. En general, y salvo que la receta indique lo contrario, no deberemos nunca llenar un molde más de la mitad a dos tercios de su capacidad.

¿Y si no disponemos del molde que requiere la receta? Pues tendremos que adaptarla al molde del que dispongamos. He preparado una tabla que encontrarás al final del libro que puede ayudarnos a realizar este tipo de adaptaciones, pero debemos tener en cuenta que además tendremos que ajustar el tiempo de horneado. La forma de confirmar que está hecho el bizcocho será pinchando en su interior y revisando que el palillo salga limpio o comprobando que la temperatura interior está en torno a los 95 ºC.

Otro problema habitual al elaborar recetas es usar un molde de un material diferente al indicado, lo que alterará el tiempo de horneado. El cambio más significativo es usar un molde de cerámica o de cristal en lugar de uno metálico. La cerámica y el vidrio tardan más en calentarse, pero después retienen mucho más el calor; de hecho, lo conservan bastante tiempo después de sacar las preparaciones del horno. Por eso, si estamos usando este tipo de materiales, bajaremos la temperatura de nuestro horno 10 ºC y controlaremos la cocción —tardará más, pero reduciremos el riesgo de que se dore en exceso—. Igualmente, si la receta está pensada para una fuente de vidrio o cerámica y vamos a usar un molde metálico, tendremos en cuenta que la cocción será más rápida y debemos controlarla antes de lo que se indica en la receta

▼

Este problema se debe al propio proceso de horneado: el calor llega de forma muy directa a través de las paredes del molde a la parte de la masa que está más cerca del exterior del recipiente. Estas zonas se cocinan rápidamente y el resto de la masa que no ha recibido el calor tan directo sigue creciendo por la zona central hasta cocerse, dando lugar a ese crecimiento en forma de montaña.

Para evitarlo podemos rodear el molde con un trapo de cocina humedecido, tal y como muestro en la imagen; al hornear con esa barrera, las paredes del molde se calentarán más lentamente y el crecimiento será más uniforme. También se venden unas tiras en tiendas especializadas que nos ayudarán a cumplir esta misma función.

¡Por cierto! Cuando horneamos en un molde de *cake* sí que buscaremos esa montaña central y, para ello, es muy importante que la temperatura del horno sea lo suficientemente alta como para que no nos crezca en forma de seta.

Precalienta siempre el horno antes de comenzar con la receta y recuerda engrasar bien el molde

Si no es desmontable, colocaremos un papel de horno en su interior para evitar que se pegue la base del bizcocho. Por norma general, mi recomendación para hornear bizcochos es hacerlo siempre sin aire, a una altura central en el horno y a 170-180 ºC. Si horneamos con aire, sugiero bajar 15 ºC, aunque dependerá mucho del horno y la potencia con la que produce ese aire. En los hornos más modernos, a veces no hace falta más que bajar 5 o 10 ºC. Si los bizcochos se doran demasiado o se rompen por la parte superior como un volcán, bajaremos un poco la temperatura y los alejaremos de la resistencia superior. Si, por el contrario, se desparraman por los laterales pareciendo casi una seta, subiremos un poco la temperatura.

Respeta las indicaciones sobre la elaboración

No usemos velocidades altas en nuestra batidora para ganar tiempo si no se indica específicamente en la receta, ni nos saltemos pasos como tamizar o usar movimientos envolventes.

¿QUÉ ACCESORIO DE LA BATIDORA USAMOS?

En general, usaremos el globo o las varillas finas para todas aquellas elaboraciones en las que queramos cargar de aire lo que estamos batiendo; es decir, para montar nata o merengues, para preparar un bizcocho genovés o para airear una crema de queso, por ejemplo. Usaremos la pala o varillas simples, si es una batidora de solo dos varillas, para las masas de bizcochos de mantequilla o aceite, las de galletas, magdalenas, etc. Y usaremos el gancho siempre que estemos trabajando una masa fermentada.

Respeta el tiempo de horneado de la receta, pero teniendo en cuenta que es un tiempo aproximado

Cada horno es un mundo y por eso siempre es importante que estemos atentos al proceso que se está realizando en su interior, sobre todo cuando comencemos a hacer postres por primera vez, cuando probemos una nueva receta o si estamos usando un horno nuevo o diferente al habitual. Cuando veamos que se acerca el tiempo indicado por la receta, podemos abrirlo y comprobar con un palillo o con el termómetro si la cocción es correcta. No es conveniente estar abriendo y cerrando el horno porque podemos variar la temperatura de su interior, pero no pasa nada por abrirlo cuando llevamos casi el tiempo completo de cocción. De hecho, si no ha concluido el tiempo recomendado, pero por la apariencia externa nos parece que está hecho, lo mejor es que comprobemos la cocción con el palillo o el termómetro, ya que puede que nuestro horno haya sido más rápido que el usado en la receta. Pero, ¡atención! Hay que tener mucho cuidado de no abrir a mitad de cocción el horno en aquellas recetas en las que se indique específicamente que no lo hagamos, ya que suele tratarse de bizcochos cuyo crecimiento depende del aire atrapado en su interior durante el proceso de batido y que fácilmente se desploman si se abre el horno antes de tiempo.

Nunca intentes desmoldar en caliente, hay muchas posibilidades de que se rompa el bizcocho

Esperaremos al menos unos minutos a que el bizcocho pierda el calor inicial y entonces desmoldaremos sobre una rejilla para que se enfríe por completo.

Bizcocho de limón con semillas de amapola

Nuestra primera receta es un bizcocho «de viaje», que es como se conoce a los bizcochos que se hornean en un molde de *cake* —*loaf pan*—. Con este bizcocho, aprenderemos a «cremar» o batir la mantequilla con el azúcar. Esto ayudará a que el bizcocho suba, ya que el aire quedará atrapado dentro de la mantequilla gracias al azúcar. Al añadir los huevos, uno a uno, la emulsión será perfecta. Finalmente, incorporaremos los ingredientes secos y los líquidos de forma alterna para conseguir que no se genere un exceso de gluten en el mezclado y nuestro bizcocho quede ligero y esponjoso.

INGREDIENTES

Para un molde de *cake* de 25 × 11 cm

PARA EL BIZCOCHO
(todos los ingredientes a temperatura ambiente)

180 g de mantequilla
220 g de azúcar blanco
4 huevos camperos
300 g de harina todo uso
1,5 cucharaditas de levadura química (7 g)
Una pizca de sal (1 g)
La ralladura de dos limones
100 ml de leche
2 cucharadas de semillas de amapola (25 g)

PARA EL ALMÍBAR
30 ml de agua
30 g de azúcar
30 ml de zumo de limón

PARA GLASEAR
85 g de azúcar glas
1 cucharada de leche (15 ml)
1 cucharada de zumo de limón (15 ml)

Precalentamos el horno a 185 ºC con calor arriba y abajo, o a 170 ºC si usamos aire. Engrasamos el molde de *cake* de tamaño estándar —el mío es de 25 cm × 11 cm— y colocamos un papel de horno en la base para facilitar el desmoldado

Tamizamos la harina con la levadura y la sal y reservamos.

Comenzaremos batiendo la mantequilla con el azúcar con nuestra batidora a una velocidad media, al menos durante 1-2 minutos, hasta que la mezcla se aclare un poco y esté bien cremosa. Recordemos usar la pala o las varillas simples —no el globo—. Incorporamos los huevos uno a uno, mezclando bien después de cada incorporación. Añadimos la ralladura de limón.

Mezclando ahora ya a la velocidad más baja, agregamos la mitad de la harina y, cuando esté integrada, la leche, después el resto de la harina, y finalmente el resto de la leche y las semillas de amapola.

Vertemos nuestra masa en el molde y horneamos 60 minutos o hasta que al pinchar con un palillo salga limpio. Si vemos que se está dorando en exceso y aún no está cocinado, cubrimos la parte superior con un papel de aluminio para evitarlo.

Mientras se hornea preparamos el almíbar: colocamos los tres ingredientes en un cazo y cuando rompa a hervir retiramos del fuego y reservamos. ¡Cuidado! Si nos excedemos en el tiempo de cocción, el agua se evaporará demasiado y el almíbar quedará denso y muy dulzón.

Nada más sacar el bizcocho del horno lo pincelamos bien con el almíbar hasta que lo absorba por completo. Dejamos enfriar un poco y después desmoldamos y pasamos a la rejilla para que se enfríe por completo.

Una vez haya vuelto a temperatura ambiente, preparamos el glaseado mezclando el azúcar glas bien tamizado con la leche y el zumo de limón. Si nos queda muy denso, podemos añadir un poquito más de zumo.

Decoramos nuestro bizcocho antes de servir.

Bizcocho marmolado

Nuestro siguiente bizcocho usa el mismo tipo de molde, pero una elaboración diferente. Al retrasar la incorporación de la mantequilla debemos tener mucho cuidado de no batir en exceso la masa, ya que no contaremos con la ayuda esencial de esa grasa para impedir el desarrollo excesivo del gluten, y, si batimos de más, luego quedará muy dura.

INGREDIENTES

Para un molde de *cake*
de 25 × 11 cm
(todos los ingredientes
a temperatura ambiente)

PARA LA MASA DE VAINILLA

150 g de azúcar
3 huevos
120 g de nata de montar 35 % mg
200 g de harina
1 cucharadita de levadura química (4,5 g)
50 g de mantequilla fundida
1 cucharadita de vainilla en pasta
o extracto (5 ml)

PARA LA MASA DE CHOCOLATE

120 g de azúcar
3 huevos
60 g de nata
35 g de cacao en polvo
105 g de harina
½ cucharadita (2,2 g)
de levadura química
35 g de mantequilla fundida

PARA EL GLASEADO DE CHOCOLATE

100 g de chocolate negro 54 % troceado
30 g de mantequilla
40 g de glucosa o sirope de maíz (o miel)
2 cucharadas de agua (30 ml)

PARA DECORAR

Fideos o trocitos de chocolate

Comenzamos fundiendo la mantequilla en un cazo sin que llegue a hervir y reservamos para que vuelva a temperatura ambiente. La podemos fundir toda junta y luego pesarla por separado para cada receta.

Precalentamos el horno a 180 ºC con calor arriba y abajo, o 165 ºC si usamos aire. Engrasamos el molde de *cake* de tamaño estándar —el mío es de 25 cm × 11 cm— y colocamos un papel de horno en la base para facilitar el desmoldado.

Empezamos por la masa de vainilla: batimos los huevos con el azúcar 2 minutos a velocidad media hasta que blanqueen y estén esponjosos. Recordemos usar la pala o las varillas simples, no el globo. Queremos que entre aire, pero tampoco necesitamos montar los huevos. Incorporamos la nata y la vainilla.

Añadimos la harina, tamizada con la levadura química, y cuando tengamos una masa homogénea añadimos la mantequilla fundida. Reservamos.

Preparamos la masa de chocolate exactamente igual, pero añadiendo el cacao tamizado con la harina y la levadura química.

Alternamos ambas masas en el molde, a cucharadas, y removemos ligeramente con un palillo para conseguir el efecto marmolado.

Vertemos nuestra masa en el molde y horneamos 65 minutos o hasta que al pinchar con un palillo salga limpio. Si vemos que se está dorando en exceso y aún no está cocinado, cubrimos la parte superior con un papel de aluminio para evitarlo.

Preparamos el glaseado calentando todos los ingredientes en un cazo hasta obtener una mezcla homogénea. Conservamos con un *film* a piel hasta el momento de usarlo.

Glaseamos el bizcocho y decoramos con los fideos de chocolate.

Bizcocho cuatro cuartos de vainilla

Con esta receta aprenderemos el método del cremado inverso con un bizcocho cuatro cuartos, que está compuesto por el mismo peso de mantequilla o aceite, azúcar, harina y huevos. Puede realizarse con el método del cremado tradicional o este otro que utilizaremos aquí. El cremado inverso lo popularizó Rose Levy Beranbaum, autora de *La Biblia de los pasteles*, en los años ochenta, y es, cuando menos, curioso. La técnica consiste en mezclar la mantequilla con la harina y el azúcar directamente, garantizando así que la grasa rodee las proteínas precursoras del gluten impidiendo su desarrollo excesivo y obteniendo un bizcocho espectacularmente suave.

INGREDIENTES

Para 15-20 porciones
(todos los ingredientes
a temperatura ambiente)

200 g de mantequilla a temperatura
ambiente en cubos
200 g de azúcar
200 g de huevos (4 medianos)
200 g de harina
2 cucharaditas de levadura química (9 g)
1,5 cucharaditas de vainilla en pasta (7,5 ml)

PARA DECORAR

200 ml de nata de montar 35 % mg bien fría
30 g de azúcar glas
1 cucharadita de extracto de vainilla (5 ml)
Frutos rojos variados para decorar

CONSEJO

Los moldes de *bundt cake*, tan populares en Estados Unidos, fueron patentados por Nordic Ware y se caracterizan por tener una chimenea central que facilita la cocción uniforme del bizcocho. Su capacidad habitual es de 9 o 10 tazas, aunque, cada vez más, se desarrollan diferentes tamaños, por lo que es importante comprobar siempre el tamaño de nuestro molde *bundt* y el que requiere la receta.

Podemos elaborar esta receta para hacer una tarta de 15 cm con dos moldes redondos altos, o usar un molde de *bundt cake* de 10 tazas.

Precalentamos el horno a 170 ºC con calor arriba y abajo, o 155 ºC si usamos aire. Engrasamos nuestro molde o moldes.

Tamizamos la harina con la levadura química. Incorporamos el azúcar.

Añadimos la mantequilla y mezclamos a velocidad baja hasta que los ingredientes estén totalmente incorporados y la mezcla sea «arenosa».

Subimos la velocidad a media e incorporamos los huevos uno a uno, y la vainilla, hasta que la mezcla se vaya homogeneizando y no tenga ningún grumo. Vertemos en el molde.

Horneamos durante 35 minutos si hemos dividido la masa en dos moldes y 45 minutos si hemos usado uno de *bundt cake*, o hasta que al pinchar con un palillo salga limpio.

Si hemos usado un molde de *bundt cake* debemos esperar al menos 15 minutos para desmoldar. Si lo hacemos antes, hay posibilidades de que se rompa.

Dejamos enfriar por completo antes de comer.

Montamos la nata con las varillas o el globo; es muy importante que esté bien fría. Cuando esté casi firme añadimos el azúcar glas y la vainilla.

Rellenamos el centro de nuestro *bundt* con la nata y frutos rojos o, si hemos hecho dos bizcochos, los igualamos —hay un paso a paso en la página 212— y rellenamos la parte central con la nata usando una manga pastelera o una espátula.

Cubrimos la parte superior y decoramos con los frutos rojos.

Bizcocho de yogur y moras

Nuestro siguiente bizcocho tiene una base de aceite y yogur que nos aportará una jugosidad espectacular. En este caso, no tenemos mantequilla de por medio, por lo que no hay cremado, sino simplemente mezclado. Utilizaremos la pala (K) de nuestra batidora o un batidor manual. Podemos usar un batidor danés si lo tenemos, ya que no daña la fruta, y lo tendremos listo en menos de 5 minutos.

INGREDIENTES

Para un molde de *cake* de 25 × 11 cm

300 g de harina
½ cucharadita de bicarbonato (2,2 g)
1,5 cucharadita de levadura química (7 g)
150 ml de aceite
150 g de azúcar
75 g de panela
3 huevos
240 g de yogur griego
120 g de moras

PARA DECORAR

Un puñado de almendras laminadas
Una cucharada de azúcar

Precalentamos el horno a 185 °C con calor arriba y abajo, o 170 °C si usamos aire. Engrasamos nuestro molde de *cake* de tamaño estándar —el mío es de 25 cm × 11 cm— con espray desmoldante y colocamos un papel en su base para facilitar el desmoldado.

Tamizamos la harina con la levadura y el bicarbonato. Reservamos.

Mezclamos el aceite con los dos tipos de azúcar usando unas varillas manuales. Incorporamos los huevos y removemos ligeramente hasta obtener una masa uniforme. Cambiamos las varillas por una lengua de silicona y añadimos la harina alternando con el yogur hasta que la mezcla sea homogénea.

Finalmente, agregamos las moras con movimientos envolventes, es decir, rodeando la masa con nuestra espátula para evitar romperlas o usando un batidor danés. Vertemos la masa en el molde.

Espolvoreamos las almendras laminadas y un poquito de azúcar.

Horneamos 60 minutos o hasta que al pinchar con un palillo salga limpio. Si vemos que se está dorando en exceso y aún no está cocinado, cubrimos la parte superior con un papel de aluminio para evitarlo.

CONSEJO

El uso de un molde tipo *cake* obliga a una cocción cuidadosa, ya que su forma estrecha pero profunda hace que las paredes se cocinen mucho antes que el resto de la masa, lo que ocasiona esa barriga central tan pronunciada —y atractiva—. Deberemos estar bien atentos a que la parte del centro esté bien cocinada, porque muchas veces se dora antes de estar totalmente lista.

Bizcocho genovés y tarta tres leches

Este bizcocho basa todo su crecimiento en el aire que incorporamos mediante el batido de los huevos con el azúcar. Al incorporar la harina tendremos mucho cuidado de no «bajar» la mezcla, usando «movimientos envolventes». Aquí lo usaremos para hacer una tarta tres leches, que tiene su origen en Latinoamérica, y en la que el bizcocho no se baña en almíbar, sino en una mezcla de tres leches.

INGREDIENTES

Para 15-20 porciones

PARA EL BIZCOCHO

180 g de azúcar
180 g de harina
6 huevos
¾ de cucharadita de sal (3,3 g)
1 cucharadita de extracto de vainilla (5 ml)

PARA LA SALSA

370 g de leche condensada
340 g de leche evaporada
200 ml de nata de montar

PARA DECORAR

200 ml de nata de montar 35 % mg
30 g de azúcar glas
Flores comestibles

Precalentamos el horno a 170 ºC con calor arriba y abajo, o a 155 ºC si es con aire.

Engrasamos un molde alto desmontable de 23 cm de alto y cubrimos su base con papel; esto es importante ya que después, cuando bañemos el bizcocho, nos será más difícil de desmoldar si no lo hacemos, además de que el papel evitará que se salga el almíbar por la base del molde.

Con la batidora eléctrica, batimos con las varillas o el globo a velocidad media-alta los huevos junto con el azúcar y la sal durante aproximadamente 10 minutos. Los huevos triplicarán su volumen.

Tamizamos la harina sobre los huevos y mezclamos con mucho cuidado con una espátula, con movimientos envolventes para que no se bajen.

Vertemos la masa en el molde y horneamos 35 minutos o hasta que al pinchar con un palillo este salga limpio. Es importante no abrir el horno antes de tiempo para que la masa no se baje.

Mientras tanto mezclamos los tres tipos de leche.

Dejamos enfriar unos minutos el bizcocho en el molde y después pinchamos la superficie con un palillo para facilitar que absorba la mezcla. Pasamos una espátula por los laterales para asegurarnos de que el bizcocho está despegado de los mismos.

Echamos un tercio de la mezcla usando un biberón de salsas o una cuchara y esperamos unos minutos a que se absorba por completo. Repetimos hasta haber usado toda la mezcla.

Montamos la nata bien fría con la batidora eléctrica de varillas. Incorporamos el azúcar glas cuando esté prácticamente montada.

Desmoldamos el bizcocho y decoramos con la nata usando la manga pastelera. Yo he utilizado la boquilla 1M.

Hay dos claves esenciales para el éxito de esta tarta: en primer lugar, añadir la mezcla de leches cuando el bizcocho está aún tibio y lentamente, en tres o cuatro veces, esperando cada vez a que absorba lo vertido. Y, en segundo lugar, ¡esperar! Lo ideal es refrigerar la tarta cubierta con *film* y consumirla al cabo de 4 o 6 horas, o incluso al día siguiente. Esto le aporta a la miga una textura suave y parecida a la cremosidad de las torrijas, por ejemplo.

Bizcocho invertido de plátano

Este bizcocho tan apetitoso es primo hermano de la tarta invertida de piña, que se popularizó en los años veinte y que combina rodajas de piña con guindas. La tarta invertida de plátano, sin embargo, resulta mucho más atractiva y actual y es muy fácil de preparar. Además, usaremos *buttermilk*, un ingrediente muy utilizado en la repostería anglosajona que hace que nuestros bizcochos queden más esponjosos que nunca.

INGREDIENTES

Para 10–15 porciones

PARA LA BASE DEL MOLDE

80 g de mantequilla
100 g de panela
4 plátanos grandes

PARA EL BIZCOCHO

90 g de mantequilla
a temperatura ambiente
150 g de azúcar
2 huevos
180 g de harina
1 cucharadita de levadura química
½ cucharadita de bicarbonato
100 ml de *buttermilk* o, en su lugar,
100 ml de leche + una cucharadita
de zumo de limón

Si no hemos encontrado *buttermilk* en el supermercado, comenzaremos mezclando la leche con el zumo de limón y dejaremos reposar. La leche se corta por el efecto del cítrico, y el suero que se genera es lo que usaremos dentro de un rato.

Precalentamos el horno a 180 °C con calor arriba y abajo, o a 165 °C si usamos aire. Cortamos los plátanos a lo largo y reservamos. Engrasamos nuestro molde no desmontable de 23 cm y reservamos.

Calentamos la mantequilla con la panela en un cazo y removemos hasta que se hayan integrado por completo y tengan el aspecto de una salsa de caramelo.

La colocamos en nuestro molde y, encima, disponemos las mitades de plátano con la parte cortada hacia abajo.

A continuación, elaboramos el bizcocho. Batimos la mantequilla con el azúcar hasta que aclare, usando la pala de nuestra batidora. Incorporamos los huevos uno a uno, batiendo tras cada adición.

Tamizamos la harina con los impulsores y la agregamos a la mezcla anterior, alternando con el suero de leche. Cuando la masa sea homogénea, la vertemos sobre el molde que habíamos preparado.

Horneamos 60 minutos a 180 °C con calor arriba y abajo. Si vemos que se dora mucho y aún no está cocinado, cubrimos la parte superior del molde con papel de aluminio durante los últimos 15 minutos de horneado.

Dejamos enfriar 5 minutos antes de desmoldar. Es muy importante desmoldar en caliente o el pastel se quedará pegado al molde.

Bizcocho de seda de naranja y cardamomo

Los bizcochos de seda —*chiffon cake*— son muy populares en Estados Unidos y en Asia y se basan en la esponjosidad que aporta el batir las claras con el azúcar —igual que en el genovés—, pero incorporan ingredientes adicionales, siendo el más importante el aceite, que hace que queden más tiernos y jugosos. En Estados Unidos aparecen por primera vez en 1927, año en el que Harry Baker comienza a prepararlos en Los Ángeles y a venderlos en el Brown Derby Restaurant. Durante años, la receta fue secreta y no es hasta 1947 cuando General Mills se la compra a Baker, publicándola en 1948 en la revista *Better Homes and Gardens Magazine*. A partir de 1950 se populariza tanto que son infinitas sus versiones.

Hornear bizcochos de seda nos obliga a emplear un molde específico —el mismo que se usa para *angel food cake*— y que cuenta con un tubo central que garantiza una cocción más uniforme.

INGREDIENTES

Para 10–15 porciones

PARA EL BIZCOCHO

90 g de harina
120 g de azúcar
½ cucharadita de levadura química (2,2 g)
½ cucharadita de cremor tártaro
(1,5 g, opcional)
4 yemas (80 g)
3 claras (90 g)
45 ml de aceite suave
75 ml de zumo de naranja
Ralladura de una naranja
2 cucharaditas de cardamomo molido (8 g)

PARA LAS NARANJAS CONFITADAS

2 naranjas pequeñas cortadas en rodajas
200 g de azúcar
100 ml de agua

Precalentamos el horno a 165 ºC con calor arriba y abajo, o a 150 ºC si usamos aire, y preparamos un molde de tubo de 18 cm especial para bizcochos de seda sin engrasar para que la masa trepe por sus paredes.

Comenzamos montando las claras a punto de nieve junto con el crémor tártaro. Usaremos la batidora eléctrica con las varillas o globo. Cuando empiecen a montar, incorporamos un tercio del azúcar. Batimos hasta que estén bastante firmes.

Por otro lado, en un bol colocamos el resto del azúcar con la harina tamizada, la levadura y el cardamomo. Mezclamos bien. Incorporamos las yemas, el aceite, el zumo de naranja y la ralladura. Cuando nuestra masa sea homogénea, añadimos las claras usando movimientos envolventes para evitar que se bajen. Vertemos la masa en el molde sin engrasar.

Horneamos 45 minutos o hasta que al pinchar con un palillo salga limpio. No abrimos el horno antes de pasado este tiempo.

Nada más sacarlo del horno, lo colocamos boca abajo sobre sus «patitas» para evitar que se deshinche al enfriar. Es un bizcocho cuya estructura es muy frágil y debemos ser especialmente cuidadosos.

Podemos preparar las naranjas confitadas mientras se enfría. Comenzamos hirviendo las rodajas de naranja en abundante agua con sal durante un par de minutos; así quitamos el amargor. Escurrimos con cuidado y aclaramos con agua fría. Reservamos.

A continuación, mezclamos el agua con el azúcar en un cazo y cuando comience a hervir y se disuelva el azúcar incorporamos las naranjas. Cocemos a fuego bajo durante 1 hora o hasta que estén cocinadas y brillantes; el almíbar habrá espesado. Escurrimos sobre una rejilla. Podemos conservar en la nevera o congelar. También podemos conservarlas en su propio almíbar.

Para desmoldar el bizcocho, una vez haya vuelto a temperatura ambiente, deslizaremos una espátula por los bordes del molde, despegando el bizcocho con cuidado. Después ya podremos darle la vuelta, desmontar el molde y despegarlo también de la parte superior.

Para decorarlo tamizaremos por encima un poco de azúcar glas y decoraremos con naranja confitada.

Angel food cake de algodón de azúcar

El *angel food* es un bizcocho hecho a base de claras que comienza a popularizarse con la llegada de los primeros batidores rotativos de varillas manuales.

En 1880 se menciona ya como tal en el *New York Times* y en 1884 aparece publicado en el recetario *Boston Cooking School Cook Book*. Con ya casi 150 años de historia, son innumerables las versiones que se conocen del mismo, así como las técnicas para prepararlo y sus sabores. Nosotros elaboraremos el más clásico y, como en el caso del *chiffon cake*, tendremos que usar un molde especial de tubo, no engrasarlo y enfriarlo ¡boca abajo!

INGREDIENTES

Para 8-12 porciones

PARA EL BIZCOCHO

180 g de claras de huevo (unas 6 claras)
60 g de harina
200 g de azúcar blanco
¾ de cucharadita de cremor tártaro (2 g)
1 cucharadita de aroma de algodón de azúcar (5 ml)
Colorante rosa en pasta o gel

PARA DECORAR

Algodón de azúcar rosa
Azúcar glas

Precalentamos el horno a 165 ºC con calor arriba y abajo, o a 150 ºC si usamos aire, y no engrasamos nuestro molde de tubo de 18 cm.

Colocamos en el bol de la batidora las claras con el crémor tártaro y comenzamos a batir a velocidad media-alta. Usaremos la batidora eléctrica con las varillas o el globo. Cuando empiecen a hacer espuma, añadimos poco a poco el azúcar, cucharada a cucharada, y finalmente el aroma de algodón de azúcar y el colorante rosa. Batimos hasta obtener un merengue bien firme y brillante.

Tamizamos encima la harina y mezclamos con una espátula de forma envolvente con mucho cuidado de que no se baje. Es muy importante seguir mezclando hasta que toda la harina se integre y que no quede ningún resto de harina suelto.

Repartimos la masa en el molde con cuidado de no dejar burbujas hasta arriba y horneamos durante 40 minutos. No abriremos el horno para comprobar que está hecho antes de pasados 35 minutos o corremos el riesgo de que se baje.

Nada más sacarlo del horno, y al igual que en el bizcocho de seda, colocaremos el molde boca abajo, de forma que se sujete por las patitas que incorpora. Una vez frío tenemos que sacarlo con cuidado. Para eso deslizaremos una espátula por los bordes del molde, despegando el bizcocho con cuidado. Después ya podremos darle la vuelta, desmontar el molde y despegarlo también de la parte superior.

Decoramos con algodón de azúcar y azúcar glas tamizado.

Galletas

Por su riqueza y variedad, las galletas son un área de la repostería absolutamente apasionante, con infinidad de formas de elaboración y de combinación de técnicas e ingredientes. Aun así, hay una serie de dudas que surgen de forma habitual y cuya respuesta nos puede ayudar cuando vamos a elaborar galletas por primera vez.

¿Mantequilla fría o a temperatura ambiente?

Respetemos siempre lo que indique la receta; a veces es necesaria la mantequilla fría y, otras, que esté a temperatura ambiente, dependiendo del resultado y textura que queramos obtener. Las preparaciones que requieren la mantequilla fría son las que comienzan mezclándola con los ingredientes secos, para rodear la harina y evitar así que forme la malla de gluten a la que nos hemos referido en el capítulo anterior. El producto final serán galletas quebradizas, con esa textura que se deshace en la boca y de la que es una perfecta muestra el *shortbread* tradicional escocés que elaboraremos en este capítulo. Esta técnica la utilizaremos también en el apartado de las tartaletas.

Otras recetas, sin embargo, piden la mantequilla a temperatura ambiente porque su primer paso es batirla cuidadosamente —aunque no demasiado rápido ni en exceso, para que no entre aire y las preparaciones se deformen con burbujas en su interior y su superficie— con el azúcar hasta que se hayan integrado por completo. De este modo, obtendremos galletas crujientes por los bordes y suaves en su interior.

El resto de los ingredientes, salvo que se especifique lo contrario, los tendremos siempre a temperatura ambiente para obtener un resultado óptimo.

¿Necesitaremos cortador o no?

Como siempre, seguiremos la técnica indicada en la receta. Las galletas que necesitan que recortemos la masa con un cortapastas están pensadas específicamente para ello. Son galletas que conservarán la forma tras el horneado y que después se presentarán tal cual —o decoradas, rellenas, etc.—.

No obstante, otras galletas —como las *cookies* estadounidenses— están pensadas para elaborarse sin cortador y, por mucho que estiremos la masa y la cortemos, no conservarán la forma correctamente tras el horneado.

También las hay que se elaboran con manga pastelera o pistola de galletas, y a cuya masa, extremadamente blanda, no puede dársele forma de otro modo y se tendrán que refrigerar antes del horneado.

Por último, habrá algunas elaboraciones que necesiten ser cortadas en rodajas, como los *cantuccini* que prepararemos en este capítulo.

¿Son necesarios el frío y el tiempo de reposo?

Algunas galletas se hornean directamente, pero lo más habitual es que antes requieran cierto tiempo de reposo en la nevera para que se enfríe la masa y se solidifique la grasa que contienen. Así, durante el horneado, esta tarda más tiempo en derretirse y, como resultado, se consigue que las galletas se expandan y deformen menos. Además, cuando dejamos reposar la masa, el azúcar que contiene va absorbiendo el líquido de la receta, evitando también que las galletas se esparzan.

Por otro lado, si aumentamos el tiempo de reposo en frío, no solo mejora el resultado tras el horneado a nivel de forma, sino también de sabor, ya que pierden humedad y los sabores se concentran e intensifican. Por ejemplo, la masa de *cookies* puede estar hasta 96 horas en la nevera sin estropearse y el resultado, al hornearlas pasado este tiempo, es espectacular.

¿Por qué mis galletas salen blandas cuando las saco del horno? ¿Las dejo más tiempo?

Una característica esencial de las galletas es que, en su inmensa mayoría, debemos sacarlas del horno y dejarlas enfriar unos minutos sobre la bandeja antes de moverlas porque estarán blandas, tanto, que, si apretamos suavemente con un dedo en su superficie, se deforman. Si sacamos unas galletas del horno duras, tendremos que desecharlas y usarlas trituradas como base de un *cheesecake*, ya que su dureza tan solo se incrementará de forma exponencial cuando se enfríen.

Tan solo hay una excepción: los *cantuccini* que vamos a elaborar se hornean... ¡dos veces! Este exceso de horneado les aporta una textura única que se justifica porque se acompañan siempre de un delicioso vino dulce en el que se sumergen hasta ablandarse.

Galletas de almendra y naranja estilo Linzer

La tarta Linzer es uno de los pasteles más antiguos conocidos —si no el que más—, ya que su primera versión escrita data de 1696. Su nombre se lo da la ciudad de Linz, Austria, y consiste en una tarta hecha de masa de almendra y rellena de confitura de grosellas negras con un enrejado que la hace inconfundible. Inspiradas por esta tarta nacen las pastas Linzer, un sándwich de galletas de almendra con un agujero central en la de arriba, por el que se puede ver el relleno: en este caso nos alejamos un poco del original, relleno siempre de mermelada de frutos rojos, para darle un toque especial usando mermelada de naranja.

INGREDIENTES

Para 30 unidades de 7 cm
de diámetro aproximadamente

225 g de mantequilla a temperatura
ambiente
120 g de azúcar glas
2 yemas (≈ 40 g)
Una pizca de sal (1 g)
1 cucharadita de vainilla
en pasta o extracto (5 ml)
½ cucharadita de extracto
de almendra (2,5 ml)
1 cucharadita de ralladura muy fina
de naranja (≈ 2 g)
290 g de harina
100 g de almendra molida
Mermelada de naranja

Comenzamos batiendo la mantequilla con el azúcar glas a velocidad baja usando la pala o la varilla simple hasta que esté cremosa. Incorporamos las yemas y la vainilla, la ralladura y el extracto de almendra. Cuando la mezcla sea homogénea, incorporamos la harina junto con la harina de almendra y la pizca de sal.

Cuando tengamos una masa lisa y homogénea, dividimos en dos partes y estiramos en dos papeles de horno. Daremos un grosor aproximado de 4 mm. Para esto son muy útiles las guías; podemos hacerlas caseras con dos canaletas para cable o comprarlas hechas.

Refrigeramos nuestra masa durante al menos 1 hora o hasta que esté bien firme.

Precalentamos el horno a 180 °C con calor arriba y abajo, o a 165 °C si usamos aire, y preparamos las bandejas con papel de horno.

Cortamos nuestra masa en discos usando el cortador redondo de 7 cm o de nuestro tamaño seleccionado y, con un cortador pequeño con la forma deseada, quitamos el centro en la mitad de ellas.

Colocamos las galletas espaciadas en la bandeja de horno. Horneamos 10 minutos o hasta que comiencen a dorarse un poco. Las dejamos enfriar sobre la bandeja unos 10 minutos antes de pasarlas a una rejilla.

Repetimos la operación con el sobrante: hacemos una bola de masa, dividimos en dos partes y estiramos entre dos papeles de horno cada mitad. Refrigeramos hasta que esté bien firme para poder cortar de nuevo.

Una vez están totalmente frías, rellenamos con la mermelada.

Shortbread tradicional al estilo escocés

Se dice que el origen de este dulce se remonta al medievo, cuando los restos de la masa de pan se endulzaban y se horneaban en pequeños trozos que se comían como galletas. Con el paso del tiempo se empezó a usar mantequilla en su preparación, convirtiéndolo en un dulce muy exclusivo y lujoso que se consumía únicamente en Navidad y ocasiones especiales. No obstante, su popularidad viene de la mano de la reina María I de Escocia, que era una enamorada de estas galletas y le gustaban aromatizadas con comino. Tradicionalmente encontramos tres modos de darles forma: como un disco con bordes ondulados del que se cortan triángulos —llamados *petticoat tail*s en alusión a su forma, que recuerda al patrón que se usaba para las enaguas durante el reinado de Isabel I—, en discos individuales o en bastones rectangulares.

INGREDIENTES

Para unas 20 galletas
aproximadamente

300 g de harina
100 g de azúcar blanco
200 g de mantequilla fría en cubos
Un poco de azúcar para espolvorear

¿HAS VISTO RECETAS DE SHORTBREAD CON MANTEQUILLA POMADA?

Efectivamente, existe la posibilidad de utilizar esta técnica también, pero en tal caso los pasteleros solemos incorporar, además, otro tipo de harina sin gluten —suele ser maicena o harina de arroz—, para reducir el contenido de esta proteína en la receta y obtener esa textura característica que se deshace en la boca aun sin elaborar las galletas según el método tradicional.

Precalentamos el horno a 180 ºC con calor arriba y abajo, o a 165 ºC si usamos aire.

Con un procesador de alimentos o con la cuchilla para masas, mezclamos los tres ingredientes lo justo, hasta obtener unas migas gruesas. Sacamos la masa del robot, si lo hemos usado, y mezclamos con las manos lo justo para obtener una bola de masa.

Extendemos la masa en un molde rectangular, bien engrasado y con la base cubierta por papel, dándole un grosor de 1,5 cm aproximadamente. El que yo uso mide 18 x 28 cm. También podemos hacer un disco único del que cortaremos triángulos (*petticoat tails*) o cortarla en discos individuales. Pinchamos con un tenedor o palillo toda la superficie para evitar que se hinche y espolvoreamos un poco de azúcar blanco por la superficie para darle un toque más crujiente.

Horneamos 30 minutos a 180 ºC o hasta que los bordes comiencen a dorarse muy levemente. Dejamos enfriar por completo antes de desmoldar.

Una vez frío, cortamos cuidadosamente en porciones del tamaño que deseemos.

Pastas de té de chocolate

Las pastas de té tienen dos características: que se desmigan en la boca y que para elaborarlas hace falta una manga pastelera o pistola de galletas. El truco para esa textura tan suave es el uso de una gran proporción de maicena: al no tener gluten, hace que la masa se deshaga con mayor facilidad. En cuanto a la forma de escudillarlas, si lo ejecutamos con pistola debemos recordar que tendremos que hacerlo sobre la bandeja o sobre un tapete de silicona para lograr un acabado perfecto. Si empleamos manga pastelera, usaremos una robusta para evitar que se rompa por la presión.

INGREDIENTES

Para unas 70 unidades pequeñas

200 g de mantequilla
a temperatura ambiente
100 g de azúcar glas
1 huevo campero
150 g de harina floja
150 g de maicena
25 g de cacao
Una pizca de sal (1 g)
1 cucharadita de vainilla en pasta (5 ml)

PARA DECORAR

100 g de chocolate dorado (*gold* o *dulcey*),
blanco o con leche
50 ml de nata de montar 35 % mg
5 ml de azúcar invertido

Comenzamos batiendo la mantequilla con el azúcar a velocidad baja usando la pala o la varilla simple hasta que la mezcla sea cremosa y muy blanca. Añadimos el huevo y la vainilla en pasta.

Una vez la masa sea homogénea, agregamos la harina, tamizada con la maicena, el cacao y la sal.

Metemos en una manga pastelera con una boquilla rizada —yo he usado la 6B— y hacemos formas sobre una bandeja de horno cubierta por un papel de horno o tapete de silicona. Si usamos papel de horno, recomiendo engrasar la bandeja para que el papel se quede pegado a la bandeja y no se levante cada vez que escudillemos una galleta.

Enfriamos las pastas escudilladas en la nevera al menos 1 hora para asegurarnos de que mantengan la forma después durante el horneado. También podemos prepararlas de un día para otro, dejando que «duerman» en frío toda la noche.

Preparamos el relleno: troceamos el chocolate si es que no viene en gotas y lo colocamos en un bol resistente al calor. Yo he usado chocolate dorado, que es una variedad que tiene un suave sabor a caramelo, pero podemos usar chocolate blanco o con leche en su lugar.

Ponemos la nata a calentar —con el azúcar invertido, si lo vamos a usar, que nos aportará brillo y mejorará la textura de la *ganache*— y, cuando comience a hervir, la vertemos sobre el chocolate. Removemos hasta que la mezcla sea homogénea y la emulsión perfecta, obteniendo una *ganache* brillante. Podemos utilizar la batidora de inmersión para mejorar la emulsión. Filmamos a piel y dejamos enfriar a temperatura ambiente..

Precalentamos el horno a 180 °C con calor arriba y abajo, o a 165 °C si usamos ventilador, y horneamos hasta que comiencen a dorarse por los bordes, en torno a 12-14 minutos.

Una vez estén a temperatura ambiente, colocamos las pastas sobre una rejilla para que acaben de enfriarse. Rellenamos las galletas con la *ganache* usando una manga pastelera.

Cantuccini

Conocidas muchas veces como *biscotti* —que es el nombre genérico para las pastas en italiano—, estas galletas duras de almendra se originan en la Toscana y su nombre original es *biscotti di Prato* —Prato es una ciudad toscana muy cercana a Florencia, en la que nacieron—, *cantucci* o *cantuccini*. Datan del siglo xvi, aparecen mencionadas en varias ocasiones en textos del siglo xvii, y posteriormente salen muchas versiones suyas por toda Italia —como los *tozzetti del Lazio* o los *tagliacozzi de Sicilia*—. Estas pastas llevan una doble cocción que las hace extremadamente secas y duras, perfectas para mojar en café o, como manda la tradición, en el maravilloso Vin Santo, el vino dulce italiano de postre.

INGREDIENTES

Para unas 40 galletas

260 g de harina
1 cucharadita de levadura química (4,5 g)
150 g de azúcar
25 g de miel
2 huevos
1 cucharadita de ralladura de naranja
muy fina (≈ 2 g)
1 cucharadita de ralladura de limón
muy fina (≈ 2 g)
140 g de almendras crudas sin pelar

Precalentamos el horno a 180 ºC con calor arriba y abajo, o a 165 ºC si usamos aire. Preparamos la bandeja de horno con un poco de papel de horno.

En un bol, tamizamos la harina con la levadura química. Incorporamos el azúcar y reservamos.

En otro bol, mezclamos los huevos con las ralladuras de naranja y limón, y la miel. Añadimos esta mezcla al bol de la harina y amasamos hasta tener una masa homogénea. Incorporamos las almendras.

Dividimos la masa en dos y formamos dos cilindros de unos 32 cm de largo por 4 cm de diámetro. Los colocamos en la bandeja de horno separados —se expandirán durante la cocción— y horneamos 20 minutos o hasta que empiecen a dorarse.

Los sacamos del horno y los dejamos enfriar en la bandeja unos 10 minutos, no más. A continuación, con un cuchillo de sierra, cortamos rodajas diagonales de 1,5 cm de ancho.

Las colocamos de nuevo en la bandeja de horno y horneamos 8 minutos. Después, les damos la vuelta y horneamos 8 minutos más o hasta que estén bien doradas.

Dejamos enfriar por completo sobre una rejilla antes de comerlas.

UNA PÍLDORA DE HISTORIA

En su origen, estas galletas se preparaban con bicarbonato de amonio, un impulsor que se usaba muchísimo antaño y que da lugar a elaboraciones secas y crujientes, restando humedad durante el horneado y haciendo que se conserven más tiempo las preparaciones. Hoy en día es difícil de encontrar, por lo que lo más habitual es usar levadura química.

Chocolate chip cookies

Las galletas estadounidenses por excelencia aparecen por primera vez en un libro de cocina en 1938 de la mano de la chef Ruth Graves Wakefield. En ese año, ella publica el recetario *Tried and True* de su restaurante Toll House e incluye estas pastas, en las que se añade chocolate troceado a la masa clásica de *cookies*, galletas que ella preparaba en su restaurante para hacer sándwiches de helado. En 1939 vende la receta y el uso de la marca a Nestlé —¿no te has fijado que las galletas con *chips* de chocolate Nestlé se llaman Toll House?— y el resto es historia. En los 85 años que tienen de historia se han convertido en uno de los dulces más conocidos de la repostería estadounidense, contando con miles de versiones y variedades que hacen que estas galletas sean increíblemente atractivas. Nosotros combinaremos *chips* de chocolate y chocolate troceado y añadiremos unas nueces que les aportan un toque irresistible.

INGREDIENTES

Para 16 unidades de 50 g

150 g de mantequilla
a temperatura ambiente
100 g de azúcar de caña integral (panela)
100 g de azúcar blanco
1 huevo
1 cucharadita de extracto de vainilla (5 ml)
½ cucharadita de bicarbonato sódico (2,2 g)
250 g de harina
80 g de *chips* de chocolate negro
60 g de chocolate negro picado
80 g de nueces picadas

Batimos la mantequilla con los dos tipos de azúcar hasta que estén integrados y la mezcla sea muy cremosa. Usaremos la pala o K de nuestra batidora eléctrica a velocidad baja-media. También podemos hacerlo a mano con una espátula o varillas manuales. Incorporamos el huevo y la vainilla y batimos de nuevo.

Tamizamos la harina y el bicarbonato. Los añadimos al bol de la mantequilla, batiendo a la velocidad mínima. Agregamos los *chips* de chocolate, el chocolate picado y las nueces y mezclamos hasta tener una masa homogénea. Filmamos y refrigeramos durante 1 hora, o hasta 96 horas como máximo.

Pasado este tiempo, preparamos nuestras bandejas con papel de horno. Lo precalentamos a 180 °C con calor arriba y abajo, o a 165 °C si usamos aire. Tomamos porciones de la masa. Hacemos bolas, las decoramos con algunos *chips* más y las colocamos espaciadas sobre la bandeja, aplastándolas un poquito con la palma de la mano.

Horneamos unos 12 minutos —para un tamaño de 50 a 70 g, si son más pequeñas serán unos 10 minutos—. Esperamos hasta que adquieran un tono mate.

Nada más sacarlas del horno usaremos un cortador de un tamaño ligeramente superior al de las galletas para darles forma. No se trata de cortarlas, sino de hacer movimientos circulares.

Las dejamos templar en la bandeja y después las pasamos a una rejilla para que se enfríen por completo.

CONGELAR *COOKIES*: MI TRUCO

Una vez preparada, la masa de *cookies* puede mantenerse refrigerada hasta 96 horas. La refrigeración mejora su acabado final: los sabores se intensifican y los almidones de la harina se hidratan, consiguiendo que la masa se mantenga más jugosa durante más tiempo. Además, la masa de *cookies*, una vez preparada, refrigerada y boleada, se puede congelar. Es, de hecho, el mejor momento —mucho mejor que congelar la masa completa o las *cookies* ya horneadas—. Esto nos permitirá almacenar más tiempo nuestras masas o tener existencias de galletas congeladas que podamos hornear bajo demanda. Las bolas de *cookies* congeladas se hornean directamente en ese estado, tan solo hay que añadir un par de minutos al tiempo de cocción.

Cookies de plátano y crema de cacao y avellanas

Empecé a hacer esta receta para poder preparar *cookies* para personas con alergia al huevo —el plátano machacado es un buen sustituto del huevo— y pronto se convirtieron en una de mis versiones favoritas. En este caso, además, las rellenaremos de crema de cacao y avellanas con un truco infalible: congelaremos el relleno para que nos sea más fácil de manipular y para que, al entrar congelado en el horno, no tenga tiempo para calentarse en exceso, lo que haría que adquiriera una textura granulosa.

INGREDIENTES

Para 12 unidades de 50 g

70 g de plátano machacado
120 g de mantequilla a temperatura ambiente
60 g de panela (azúcar de caña integral)
90 g de azúcar blanco
210 g de harina
¼ de cucharadita de bicarbonato (1,1 g)
¼ de levadura química (1,1 g)
50 g de *chips* de chocolate
50 g de pecanas peladas y troceadas
150 g de crema de cacao y avellanas

Preparamos el relleno de crema de cacao y avellanas con nuestra manga pastelera, haciendo pequeñas montañitas de esta crema del tamaño aproximado de 1 euro sobre un papel de horno. Las congelamos durante al menos 3 horas o de un día para otro.

Para preparar nuestras galletas comenzamos batiendo la mantequilla con el plátano y los dos tipos de azúcar. Usaremos la pala de nuestra batidora (K). Añadimos la harina tamizada con la levadura y el bicarbonato. Incorporamos los *chips* de chocolate y las pecanas. Cuando nuestra masa sea homogénea, la filmamos y refrigeramos 1 hora, o hasta 96 horas como máximo.

Pasado este tiempo, preparamos nuestras bandejas con papel de horno. Lo precalentamos a 180 ºC con calor arriba y abajo, o a 165 ºC si usamos aire. Tomamos porciones de la masa de unos 60 g. Las dividimos en dos y las aplastamos. Colocamos un disco de masa, el relleno de crema de cacao y avellanas congelado y otro disco encima. Cerramos bien las uniones, hacemos bolas, las decoramos con algunos *chips* más y las colocamos espaciadas sobre la bandeja, aplastándolas un poquito con la palma de la mano.

Horneamos unos 12-14 minutos para un tamaño de 50 g —si son más pequeñas serán unos 10 minutos—. Esperamos hasta que se comiencen a dorar por los bordes y adquieran un tono mate. Al sacarlas del horno podemos mejorar su forma usando un cortador de galletas circular; no se trata de cortarlas, sino de moldearlas un poco.

Las dejamos templar en la bandeja y después las pasamos a una rejilla para que se enfríen por completo.

TROZOS DE CHOCOLATE *VERSUS* CHIPS *DE CHOCOLATE*

Los *chips* de chocolate son de un chocolate especial, con estabilizantes y un menor porcentaje de manteca de cacao, que permite mantener la forma durante el horneado. Por eso, aunque se derriten, se mantienen tal cual entraron al horno, y rápidamente se solidifican. El chocolate troceado, sin embargo, aporta más sabor, dado que se distribuye más por la masa en forma de trocitos pequeños y grandes, pero también se funde y esparce en la masa, lo que hace que las galletas se expandan más —hay que tenerlo en cuenta al hacer la bola, para no aplastarla tanto—.

¡Importante! No todas las gotas de chocolate que venden en el supermercado son *chips*; es decir, que tenemos que mirar que en su paquete ponga «estable en el horneado», porque algunas precisamente son fáciles de fundir, en cuyo caso se comportan como el chocolate de tableta, pero en forma de gotas.

Paso a paso

Cookies de avena, chocolate blanco y arándanos rojos

Las *cookies* de avena tienen su origen en las tortas escocesas de avena conocidas como *bannocks*, aunque la popularidad a nivel mundial les ha llegado con su versión estadounidense. Esta tiene su origen a finales del siglo XIX y aparece por primera vez por escrito en el recetario de Fannie Merritt Farmer *The Boston Cooking School Cook Book*, publicado en 1896. La avena estaba ganando popularidad en Estados Unidos en esos momentos y en seguida comenzó a usarse como ingrediente en la repostería, sobre todo cuando empezaron a venderse los copos semitriturados —aquí normalmente los denominamos copos suaves—. A principios del siglo XX, la propia marca Quaker incluye una receta para *cookies* de avena en sus envases. Hoy en día, es una variedad de *cookie* que no podemos dejar de preparar y que ofrece grandes posibilidades de personalización.

INGREDIENTES

Para 16 unidades de 50 g

150 g de harina
½ cucharadita de bicarbonato sódico (2,2 g)
170 g de mantequilla a temperatura ambiente
90 g de azúcar de caña
50 g de azúcar blanco
1 huevo
160 g de copos de avena
60 g de arándanos rojos picados
60 g de *chips* de chocolate blanco

¿QUIERES CREAR TUS PROPIOS SABORES DE COOKIES?

Tanto las *chocolate chip cookies* de este libro como estas galletas de avena son perfectamente personalizables. Solo tenemos que sustituir los *chips* de chocolate y los frutos secos por nuestros ingredientes añadidos favoritos: *chips* de chocolate de otras variedades, *chips* de mantequilla de cacahuete, trocitos de manzana deshidratada, frutos secos picados, etc. También podemos sustituir la canela por vainilla, ralladura de naranja, cardamomo en polvo... ¡Las posibilidades son infinitas!

Tamizamos la harina con el bicarbonato. Añadimos los copos de avena. Reservamos.

Batimos la mantequilla con los dos tipos de azúcar hasta que estén integrados y la mezcla sea muy cremosa. Usaremos la pala de nuestra batidora (K) a velocidad baja-media. Incorporamos el huevo y batimos de nuevo. Bajamos la velocidad de la batidora e incorporamos los ingredientes secos que habíamos tamizado, así como los copos de avena. Cuando la mezcla sea homogénea, añadimos los arándanos rojos y los *chips* de chocolate blanco.

Refrigeramos la masa durante 1 hora como mínimo.

Pasado este tiempo, preparamos nuestras bandejas con papel de horno. Lo precalentamos a 180 ºC con calor arriba y abajo, o a 165 ºC si usamos aire. Tomamos porciones de la masa. Hacemos bolas y las colocamos espaciadas sobre la bandeja, aplastándolas un poquito con la palma de la mano.

Horneamos unos 12 minutos para un tamaño de 50 a 70 g; si son más pequeñas, serán unos 10 minutos. Esperamos hasta que se comiencen a dorar los bordes y adquieran un tono mate. Al sacarlas del horno podemos mejorar su forma usando un cortador de galletas circular; no se trata de cortarlas, sino de moldearlas un poco.

Las dejamos templar en la bandeja y después las pasamos a una rejilla para que se enfríen por completo.

Cookies de doble chocolate

Durante muchos años preparé *cookies* de chocolate usando cacao en polvo. Quedaban ricas, con un sabor intenso a cacao, pero este les restaba humedad y porcentaje de gluten y perdían su textura chiclosa. Hace tres años probé a elaborarlas con chocolate fundido y mi vida cambió. Esta receta es, sin duda, mi favorita para galletas de chocolate. Su elaboración es un poco diferente de cuando preparamos *cookies* de la forma tradicional, ya que en este caso si refrigeramos en exceso la masa se pone durísima y nos costará bolearla —si la hemos tenido más tiempo del sugerido en frío, tendremos que dejarla un rato a temperatura ambiente—, pero el resultado es espectacular. Aquí las he decorado con una pizca de sal Maldon pero, si tenemos espíritu aventurero, podemos añadir trocitos de *pretzels* o unas patatas fritas de bolsa semitrituradas. El contraste del chocolate con lo salado es otro nivel.

INGREDIENTES

Para 18 unidades de 50 g

75 g de mantequilla
150 g de panela
50 g de azúcar blanco
2 huevos camperos
215 g de chocolate negro 54 % troceado
100 g de harina
25 g de cacao puro
1 cucharadita de bicarbonato (4,5 g)
150 g de *chips* de chocolate negro
Una pizca de sal Maldon (≈ 1 g)

Fundimos el chocolate negro y reservamos hasta que vuelva a temperatura ambiente. Tamizamos el cacao con la harina y el bicarbonato. Reservamos.

Mientras tanto batimos los huevos con la mantequilla y los dos tipos de azúcar. Incorporamos el chocolate fundido. Agregamos la harina y después los *chips*. Refrigeramos la masa 30 minutos; si la dejamos más tiempo, recordemos dejar que vuelva un poco a temperatura ambiente, para que no esté excesivamente fría.

Pasado este tiempo, preparamos nuestras bandejas con papel de horno. Lo precalentamos a 180 ºC con calor arriba y abajo, o a 165 ºC si usamos aire. Tomamos porciones de la masa. Hacemos bolas, las decoramos con algunos *chips* más y la sal Maldon y las colocamos muy espaciadas sobre la bandeja, aplastándolas un poquito con la palma de la mano. Las *cookies* crecen mucho y se deforman bastante, no hay que asustarse si vemos que se están desparramando un poco durante la cocción; lo arreglaremos después.

Horneamos unos 12 minutos para un tamaño de 50 g; si son más pequeñas, serán unos 10 minutos. Al sacarlas del horno mejoraremos su forma usando un cortador de galletas circular; no se trata de cortarlas, sino de moldearlas un poco. Giraremos el cortador en torno a las galletas hasta que cojan la forma deseada.

Como en este caso no podemos basarnos en si se doran o no para sacarlas del horno, porque no se ve, esperaremos hasta que adquieran un tono mate.

Las dejamos templar en la bandeja y después las pasamos a una rejilla para que se enfríen por completo.

Brownies, blondies y cookie bars

Situada entre los bizcochos y las galletas se encuentra toda esta gama de bizcochos especialmente densos y contundentes que son los *brownies*. En este capítulo nos centraremos en su elaboración y aclararemos también las diferencias entre *brownie*, *blondie* y *cookie bar*.

Los *brownies* no necesitan presentación. Su textura densa y chocolateada ha seducido los paladares de todo el mundo y tiene versiones casi *coulant*, con su centro que se funde un poco, más cocinadas y abizcochadas, aunque nunca secas, o incluso chiclosas —*chewy*—, que apasionan a los estadounidenses. Sus ingredientes principales, en su versión más tradicional, son cinco: chocolate, mantequilla, harina, azúcar y huevos. No hay ningún impulsor de por medio y los huevos no se baten, de forma que no entra aire en la preparación y logramos obtener la densidad deseada. Además, aunque las versiones del *brownie* son infinitas —algunas recetas incorporan aceite para ganar chiclosidad, otras, cacao para intensificar el sabor a chocolate—, si analizamos las recetas, observamos que la proporción de líquidos siempre es elevada, consiguiendo así una masa densa, cercana a la del *fudge*.

Respecto a su origen, son muchas las leyendas que circulan. Hay quien los asocia a Bertha Palmer, mujer del dueño del Palmer House Hotel en Chicago, que los habría creado a finales del siglo XIX. De hecho, hoy en día se siguen sirviendo allí y sus actuales propietarios presumen de que es lugar de nacimiento de estos dulces. Aparecen también en el ya mencionado recetario de Fannie Merrit Farmer de 1896, aunque en este caso, pese a que comparten el nombre con los actuales *brownies*, no presentan los mismos ingredientes, ya que el color marrón se obtiene con ayuda de la melaza y no del chocolate. Sea como fuere, las primeras recetas escritas del *brownie* con chocolate, tal y como lo conocemos nosotros, se publican a partir de 1904, consolidándose en esos años como un postre muy popular en Estados Unidos y, desde allí, difundiéndose por todo el mundo.

Por otro lado, los *brownies* de chocolate blanco siguen siendo *brownies* y su característica es que la receta está perfectamente ajustada para compensar la ausencia de pasta de cacao en su composición. Como veremos cuando hablemos de las *ganaches*, la composición del chocolate negro y del chocolate blanco afecta directamente al resultado de nuestras preparaciones, y por eso recomiendo que siempre que hagamos una receta de *brownie* con chocolate blanco, usemos una receta pensada para chocolate blanco. Cambiar el chocolate negro de una receta de *brownie* por chocolate blanco sin ningún ajuste en el resto de los ingredientes acaba en desastre siempre.

Los *blondies*, a diferencia de los *brownies*, no se preparan con chocolate. Un *blondie* puede llevar chocolate blanco añadido, en forma de *chips* o tropezones, pero nunca forma parte de la «masa base». Esta tiene dos ingredientes protagonistas: el azúcar de caña integral, que le dará un sabor a melaza y caramelo impresionante, y la mantequilla avellana, que es una preparación muy habitual en la repostería francesa tradicional —y que han heredado los americanos— que consiste en calentar la mantequilla en un cazo hasta que comienza a oscurecerse y su sabor se concentra e intensifica mucho. En este proceso, los sólidos lácteos se van al fondo del cazo, lo que hará necesario que colemos la mantequilla avellana antes de usarla con una tela tipo muselina. En este libro, prepararemos un *blondie* tradicional, que es la mejor forma de descubrir este tipo de postre; otro con almendras, que le aporta aún más jugosidad a la masa, y uno con mantequilla de cacahuete, que hará las delicias de pequeños y mayores. Su centro queda denso como si se tratara casi de *fudge* y se deshace en la boca, con un intenso sabor a panela y mantequilla avellana.

Las *cookie bars* se hornean en un molde similar al de los *brownies* y *blondies*, pero también podrían haber estado incluidas en el capítulo anterior, ya que no son más que masa de *cookies* horneada en un recipiente y después cortada en porciones para servirla, preparación que se ha hecho muy popular. Al utilizar molde podemos ser más versátiles e incorporar rellenos e ingredientes que nos darían problemas en *cookies* normales, porque harían que se deformaran o expandieran en exceso. En este libro prepararemos dos *cookie bars*: una de mascarpone con relleno de praliné de avellana que se deshace en la boca, y otra de manzana y canela con granola que se convertirá en tu merienda favorita.

¿Cómo forrar nuestro molde?

Este tipo de postres tienen tendencia a pegarse en el centro, sobre todo en el caso de los *brownies* y *blondies*, que los sacaremos con la cocción muy justa, por lo que es imprescindible que forremos el molde para que sea más fácil de desmoldar, incluso si este es desmontable. En estas fotos se puede ver cómo lo hago yo.

¿Cómo saber el punto de cocción?

En el caso de los *brownies* y los *blondies* recomiendo no esperar a sacarlos del horno hasta que el palillo salga limpio. Para que nos hagamos una idea, si pinchamos demasiado pronto, el palillo saldrá manchado con masa líquida; si pinchamos en el momento ideal de cocción, el palillo saldrá manchado con masa densa y migas; y si pinchamos y el palillo sale totalmente limpio, la masa se habrá pasado de cocción y estará excesivamente seca.

En cuanto a las *cookie bars*, podemos esperar a que el palillo salga limpio si nos gustan más hechas, o dejarlas un poco cortas de cocción —como los *brownies*— si nos gustan más blandas.

Brownie de doble chocolate

El *brownie* perfecto. Durante los últimos catorce años he elaborado muchísimos *brownies* diferentes, unos más abizcochados, otros más chiclosos. Los he preparado rellenos, sin rellenar, con *cheesecake*, con frutos secos, glaseados, etc., y, sin duda, esta es mi versión favorita: un *brownie* «*brownie*». Es decir, un *brownie* que cumple exactamente tus expectativas cuando piensas en este tipo de dulces. La clave: su cocción. Recordemos que no debemos cocer en exceso nuestros *brownies* para evitar que se resequen. Como avanzaba en la introducción de este capítulo, estas serán las únicas recetas de todo el libro donde veremos que, al comprobar la cocción, hablamos de sacar el palillo manchado con migas pegajosas y no totalmente limpio. Estos minutos de diferencia entre un estado de cocción y otro serán esenciales para que los *brownies* estén ultrajugosos durante varios días... o bien secos desde el primer momento.

INGREDIENTES

Para 12-16 porciones

150 g de mantequilla
135 g de azúcar blanco
140 g de azúcar de caña integral
4 huevos medianos
160 g de harina
180 g de chocolate negro 54 % de cacao
15 g de cacao en polvo sin azúcar
80 g de *chips* de chocolate
80 g de chocolate negro troceado
80 g de nueces semitroceadas

Precalentamos el horno a una temperatura de 180 ºC con calor arriba y abajo, o a 165 ºC si usamos aire. Engrasamos y forramos nuestro molde cuadrado de 22 cm.

En primer lugar, derretimos el chocolate negro 54 % de cacao con la mantequilla en un cazo grande a fuego lento o usando el baño maría. Es muy importante que no llegue a hervir; cuando empiece a derretirse el chocolate, retiramos del fuego y removemos bien hasta que se deshaga por completo.

Incorporamos a la mezcla el azúcar moreno y blanco y los huevos. Removemos muy bien hasta conseguir una mezcla homogénea. Le añadimos el cacao en polvo y la harina tamizada y mezclamos bien. Agregamos los chips de chocolate, el chocolate troceado y las nueces.

Horneamos a 180 ºC durante 35 minutos o hasta que al pinchar con un palillo salgan restos de masa o, como yo lo llamo, «migas con masa pegajosa».

Dejamos enfriar al menos 30 minutos antes de desmoldar. Esperamos a cortar y comer a que esté a temperatura ambiente.

Brownie de chocolate blanco y pistacho

Durante años busqué la receta perfecta para hacer un *brownie* de chocolate blanco que no fuera excesivamente dulce ni empalagoso. En ese tiempo he ido modificando muchas variables y creo que, por fin, puedo decir que esta receta es la del *brownie* de chocolate blanco perfecto.

INGREDIENTES

Para 12-16 porciones

190 g de harina
Una pizca de sal (≈ 1 g)
3 huevos
150 g de azúcar blanco
50 g de azúcar moreno
20 ml de aceite
175 g de chocolate blanco
90 g de mantequilla
100 g de pistachos semipicados

PARA DECORAR

Pasta de pistacho o chocolate blanco
fundido
Pistachos picados

Precalentamos el horno a 180 ºC.

Engrasamos y forramos nuestro molde cuadrado de 18 cm o de 28 x 18 cm. Fundimos la mantequilla con el chocolate con el cazo a fuego bajo o al baño maría. Hay que tener muchísimo cuidado, ya que se puede quemar muy fácilmente.

Retiramos del fuego y añadimos el aceite y los dos tipos de azúcar con la ayuda de una lengua de silicona. Incorporamos los huevos.

Removemos de nuevo. Cuando la mezcla sea homogénea, agregamos la harina tamizada con la pizca de sal. Añadimos los pistachos y luego vertemos la masa en el molde.

Horneamos 25 minutos o hasta que al pinchar con un palillo salga un poquito manchado.

Dejamos enfriar al menos 30 minutos antes de desmoldar para evitar que se rompa. Esperamos a decorar a que esté a temperatura ambiente.

Decoramos con un poco de chocolate blanco fundido o pasta de pistacho. Si usamos chocolate blanco, recordemos que debemos tener mucho cuidado al fundirlo, ya que se quema con facilidad. Por ello, lo haremos al baño maría o, si es al microondas, lo realizaremos en intervalos muy cortos y removiendo cada vez.

Una vez decorado, ya podemos cortarlo y comerlo.

Brownie cheesecake de cerveza negra

Este *brownie*, solo apto para adultos, es el ejemplo perfecto de un *brownie* denso y cremoso que se deshace en la boca, y cuya combinación con el *cheesecake* le da un toque muy especial que nos recuerda a la famosa tarta de cerveza negra con chocolate. Su alcohol no se evapora totalmente durante la cocción, por lo que, si nos preocupa que siga presente cuando vayamos a consumirlo, se puede sustituir por refresco de cola. Queda más dulce, pero es igual de irresistible. Por cierto, si queremos decorarlo, en la página 136 de este libro aprenderemos a realizar una crema perfecta para él: la crema de mascarpone y nata. Con ella podremos convertir este *brownie* en el centro del espectáculo.

INGREDIENTES

Para 12-16 porciones

PARA EL *BROWNIE*

150 g de mantequilla
250 g de chocolate negro 54 %
200 g de azúcar moreno
120 ml de cerveza negra
o una cerveza negra tipo *stout*
3 huevos
125 g de harina

PARA EL *CHEESECAKE*

295 g de mascarpone
1 yema de huevo
60 g de azúcar blanco

Precalentamos el horno a 180 ºC y engrasamos y forramos nuestro molde cuadrado de 22 cm.

Fundimos a fuego lento la mantequilla con el chocolate. Es muy importante que no llegue a hervir; cuando empiece a derretirse el chocolate, retiramos del fuego y removemos bien hasta que se deshaga por completo. Añadimos el azúcar moreno y los huevos. Incorporamos la harina tamizada y finalmente la cerveza, y mezclamos muy bien hasta tener una masa homogénea. Reservamos.

Para preparar la capa de *cheesecake* mezclamos los tres ingredientes con unas varillas hasta obtener una mezcla homogénea.

Vertemos la masa de *brownie* en el molde y encima la de *cheesecake*. Usamos una espátula para marmolear ambas masas.

Luego vertemos en el molde y horneamos entre 40 y 50 minutos o hasta que al pinchar salgan migas pegajosas pegadas, pero no líquido.

Dejamos enfriar por completo antes de desmoldar para evitar que se rompa.

¿CUÁNTO SE EVAPORA EL ALCOHOL EN NUESTROS POSTRES?

Usar alcohol en los postres ha sido —y es— muy típico, pero si nos preocupa que siga presente a la hora de consumirlos, debemos saber que no siempre desaparece por completo. De acuerdo con un informe del Departamento de Agricultura de los Estados Unidos, los productos horneados o cocinados que contienen alcohol tendrán el 40 % del alcohol inicial tras 15 minutos de cocción, el 35 % tras 30 minutos y el 25 % tras 1 hora.

Incluso pasadas 2,5 horas habrá un 5 % aún presente. Evidentemente, y en postres cuyo contenido alcohólico es muy pequeño, esto hará que sea casi inexistente. También influye la graduación alcohólica de la propia bebida: si usamos un licor o bebida de alta graduación, siempre quedará más alcohol presente que si usamos cerveza o vino. Por cierto, cuando flambeamos un postre, hasta un 75 % del alcohol inicial seguirá presente.

Blondie tradicional

Esta receta es la forma perfecta de introducirse en el maravilloso mundo de los *blondies*. La masa tiene una textura a mitad de camino entre un *brownie* y una *cookie*, y el sabor es sencillamente inigualable gracias a la mantequilla avellana. Yo he optado por «trufarlo» con *chips* de chocolate con leche y nueces pecanas troceadas, pero lo cierto es que podemos customizarlo a nuestro gusto usando pistachos, *chips* de chocolate blanco, arándanos rojos deshidratados, etc., u omitirlos por completo y disfrutar del sabor puro de la masa.

INGREDIENTES

Para 12-16 porciones

220 g de mantequilla
220 g de panela
1 huevo
1 yema
1 cucharadita de vainilla en pasta (5 ml)
Una pizca de sal (≈ 1g)
195 g de harina
120 g de *chips* de chocolate con leche
60 g de nueces pecanas troceadas

Precalentamos el horno a 180 ºC con calor arriba y abajo, o a 165 ºC si usamos aire. Engrasamos y forramos nuestro molde cuadrado de 18 cm; también puede ser un molde de 28 x 18 cm.

Calentamos la mantequilla en un cazo lentamente hasta que empiece a oscurecerse y tome un bonito color dorado; la temperatura estará en torno a 130 ºC. ¡Cuidado, quema muchísimo! Reservamos y colamos a través de una tela tipo muselina para retirar los sólidos lácticos. Dejamos que vuelva a temperatura ambiente y pesamos 165 g, que es lo que necesitamos.

Una vez tenemos lista la mantequilla avellana añadimos la panela. Removemos bien. Incorporamos el huevo, la yema y la vainilla. Añadimos la harina, tamizada, y la pizca de sal, y una vez tenemos una mezcla homogénea, agregamos los trozos de nueces y los *chips* de chocolate. La masa estará brillante.

Repartimos la masa en el molde. Alisamos la superficie con una espátula y decoramos con nueces pecanas y más *chips* de chocolate.

Horneamos unos 30 minutos o hasta que al pinchar salgan migas pegajosas pegadas, pero no masa líquida.

Dejamos enfriar por completo en el molde antes de desmoldar y cortar en cuadrados o rectángulos.

Blondie de mantequilla de cacahuete

La mantequilla de cacahuete es uno de esos ingredientes que, cuando se prueba a solas, no impresiona mucho, pero, al añadirla a un postre, el efecto es espectacular. En este caso, aporta un sabor irresistible a nuestro *blondie* y combina de maravilla con las grageas de chocolate y cacahuete, que le dan textura y color. Por cierto, yo he utilizado *chips* de mantequilla de cacahuete; sé que no son fáciles de encontrar, así que si lo preferimos también podemos usar *chips* de chocolate negro. El resultado es igualmente irresistible.

INGREDIENTES

Para 12-16 porciones

150 g de mantequilla
1 huevo
160 g de panela
1 cucharadita de extracto de vainilla (5 ml)
150 g de mantequilla de cacahuete
150 g de harina
120 g de grageas de chocolate y cacahuete
80 g de *chips* de mantequilla de cacahuete
(podemos usar *chips* de chocolate negro
en su lugar)

PARA DECORAR

Un poco de chocolate blanco fundido
Nonpareils de colores (*sprinkles*)

Precalentamos el horno a 180 ºC con calor arriba y abajo, o a 165 ºC si usamos aire. Engrasamos y forramos nuestro molde cuadrado de 18 cm; también puede ser un molde de 28 x 18 cm.

Calentamos la mantequilla en un cazo lentamente hasta que empiece a oscurecerse y tome un bonito color dorado; la temperatura estará en torno a 130 ºC. ¡Cuidado, quema muchísimo! Reservamos y colamos a través de una tela tipo muselina para retirar los sólidos lácteos. Dejamos que vuelva a temperatura ambiente y pesamos 115 g, que es lo que necesitamos.

Una vez tenemos lista la mantequilla avellana añadimos el azúcar y la panela. Removemos bien. Incorporamos el huevo, la vainilla y la mantequilla de cacahuete, removiendo tras cada adición. Agregamos la harina tamizada, y una vez tenemos una mezcla homogénea, incorporamos las grageas de chocolate y cacahuete y los *chips* de mantequilla de cacahuete.

Repartimos la masa en el molde. Alisamos la superficie con una espátula. Podemos decorar con algunas grageas de chocolate y cacahuete, a riesgo de que se puedan agrietar ligeramente durante el horneado. Si queremos asegurarnos de que no se agrietan, las podemos colocar inmediatamente nada más sacar el *blondie* del horno, que aún estará blandito y se clavarán fácilmente.

Horneamos unos 30 minutos o hasta que al pinchar con un palillo salga limpio o con unas pocas migas.

Dejamos enfriar por completo en el molde antes de decorar con el chocolate blanco fundido y los *sprinkles*. Luego desmoldamos y cortamos en cuadrados o rectángulos.

Paso a paso

Blondie de almendra y fresa

Las almendras molidas aparecen en muchas recetas de este libro, ya que el sabor que aportan es irresistible y, además, proporcionan una humedad que nos da resultados únicos. En este caso, las combinaremos con fresas naturales, aunque podemos usar los frutos rojos que prefiramos o sustituir la fruta por frutos secos, *chips* de chocolate o, por qué no, arándanos rojos deshidratados u otra fruta deshidratada. Al llevar fruta, recomiendo conservar dentro de un recipiente hermético en la nevera una vez horneado y sacar antes de consumir para que vuelvan a la temperatura ambiente.

INGREDIENTES

Para 12-16 porciones

130 g de mantequilla
100 g de panela
40 g de azúcar blanco
1 huevo
Una pizca de sal (≈1 g)
80 g de harina
80 g de harina de almendra
100 g de fresas en pequeños dados

PARA DECORAR

40 g de almendras laminadas
Un poco de azúcar glas

Precalentamos el horno a 180 ºC y engrasamos y forramos nuestro molde cuadrado de 18 cm; también puede ser un molde de 28 x 18 cm.

Calentamos la mantequilla en un cazo lentamente hasta que empiece a oscurecerse y tome un bonito color dorado; la temperatura estará en torno a 130 ºC. ¡Cuidado, quema muchísimo! Reservamos y colamos a través de una tela tipo muselina para retirar los sólidos lácticos. Dejamos que vuelva a temperatura ambiente y pesamos 100 g. que es lo que necesitamos.

Una vez tenemos lista la mantequilla avellana añadimos la panela y el azúcar. Removemos bien. Incorporamos el huevo y luego la harina tamizada, la harina de almendra y la pizca de sal, y una vez tenemos una mezcla homogénea, agregamos los trozos de fresas.

Repartimos la masa en el molde. Alisamos la superficie con una espátula. Espolvoreamos las almendras laminadas por encima.

Horneamos unos 35 minutos o hasta que al pinchar con un palillo salga limpio o con unas pocas migas.

Dejamos enfriar por completo en el molde antes de desmoldar y cortar en cuadrados o rectángulos.

¿PODEMOS HACER LA MANTEQUILLA AVELLANA CON ANTELACIÓN Y CONSERVARLA?

Efectivamente, la mantequilla avellana, que también se usa para los *financiers* y las magdalenas, por ejemplo, se puede preparar con antelación. Una vez haya regresado a la temperatura ambiente podemos conservarla en un recipiente hermético hasta dos semanas o congelarla hasta dos meses.

Cookie bar de mascarpone y *speculoos*

Hace muchos años probé unas *cookies* que llevaban mascarpone y me dejaron enamorada. Posteriormente realicé varias pruebas, pero el problema siempre era el mismo: se deformaban tanto que no quedaban bonitas u obligaban a tiempos de enfriado eternos. Por eso, finalmente, he decidido hacer esta receta siempre en forma de *cookie bar* y el resultado es absolutamente irresistible. Prueba a variar el relleno y usar crema de cacao y avellanas, praliné o tu mermelada favorita. ¡Vas a alucinar!

INGREDIENTES

Para un molde de 18 cm × 18 cm

130 g de mascarpone
115 g de mantequilla
90 g de azúcar
100 g de panela
1 huevo
1 cucharadita de extracto de vainilla (5 ml)
315 g de harina
1 cucharadita de bicarbonato sódico (4,5 g)
250 g de crema de *speculoos*
100 g de *chips* de chocolate blanco y negro
Un poco de crema extra
para decorar (≈ 40 g)
Unas migas de *speculoos* para decorar

Precalentamos el horno a 180 ºC con calor arriba y abajo, o a 165 ºC si usamos aire. Engrasamos y forramos nuestro molde cuadrado de 18 cm; también puede ser un molde cuadrado de 20 cm si no nos importa que quede más fina.

Batimos el queso con la mantequilla y el azúcar hasta que estén perfectamente integrados, usando la pala y siempre a la mínima velocidad.

Incorporamos el huevo, la vainilla, y después la harina tamizada con el bicarbonato. Añadimos los *chips* de los dos chocolates. Colocamos la mitad de la masa en la base del molde, encima la crema de *speculoos*, y cubrimos con el resto de la masa.

Horneamos unos 30 minutos o hasta que esté dorado por los bordes y deje de estar brillante. Dejamos enfriar por completo antes de desmoldar.

Antes de servir, calentamos 40 g de crema de *speculoos* durante 5 segundos en el microondas para que esté más líquida y utilizamos una manga pastelera para decorar nuestro postre. Puedes rallar una galleta *speculoos* por la parte superior para decorarlo un poco más.

¿SE PUEDEN CONGELAR LAS COOKIE BARS?

Como ya vimos en el capítulo anterior, la masa de *cookies* es una de las más agradecidas a la hora de congelar. En el caso de las *cookie bars*, y para no tener que congelarlas con el molde, podemos forrar el molde con *film* y darle la forma a nuestra *cookie bar*. Después, congelaremos solo la masa protegida por el *film*. Para hornear, sacaremos la masa, retiraremos el *film* y la colocaremos en el molde engrasado y forrado con papel. La dejaremos descongelar toda la noche en la nevera y hornearemos con normalidad.

Cookie bar de manzana y canela

Sé que a primera vista esta receta impresiona por la cantidad de ingredientes y los múltiples pasos que tiene, pero realmente es muy fácil de elaborar. En primer lugar, tenemos una base de galleta irresistible y muy rápida de preparar. Después, un relleno de manzana y canela que nos recordará a la Navidad y que hará que nuestra casa huela maravillosamente bien durante horas. Y el toque final lo pondrá una capa superior de granola bien crujiente. Si te pones manos a la obra, no te va a decepcionar.

INGREDIENTES

Para un molde de 22 cm × 22 cm

PARA LA BASE

150 g de mantequilla fría cortada en dados
125 g de panela
250 g de harina
1 huevo
1 cucharadita de canela (4 g)
1 cucharadita de levadura

PARA EL RELLENO

350 g de manzana
1 cucharadita de zumo de limón (5 ml)
25 g de mantequilla
120 ml de agua
40 g de panela
10 g de maicena
1 cucharadita de canela (4 g)

PARA LA GRANOLA

30 g de mantequilla fundida
50 ml de miel
1 cucharada de agua (15 ml)
180 g de copos de avena
100 g de nueces troceadas
50 g de avellanas troceadas

Comenzamos preparando el relleno: cortamos la manzana en dados de 1 cm, mezclamos con el zumo de limón para evitar que se oxide y colocamos en un cazo junto a la mantequilla.

Calentamos hasta que se funda la mantequilla. En ese momento incorporamos 80 ml de agua, la canela y el azúcar. Cocemos hasta que la manzana esté blanda, pero no deshecha.

En un vaso aparte, disolvemos la maicena en el resto del agua, incorporamos y dejamos cocer hasta que espese. Retiramos y dejamos enfriar por completo antes de cubrir con *film* a piel.

Seguimos con la base: precalentamos el horno a 180 ºC con calor arriba y abajo, o a 165 ºC si usamos aire. Engrasamos y forramos nuestro molde cuadrado de 22 cm.

En el bol de la picadora colocamos la harina con la panela, la canela, la levadura y la mantequilla y trituramos hasta que parezca migas de pan. Incorporamos el huevo y mezclamos hasta que coja consistencia.

Aplastamos esta masa por toda la base de nuestro molde hasta lograr una capa uniforme. Si se nos pega podemos humedecernos las manos para evitarlo.

Horneamos la base a 180 ºC durante 25 minutos, hasta que los bordes estén dorados. Sacamos del horno y dejamos enfriar brevemente mientras preparamos la granola.

En un bol, ponemos la avena, las avellanas y las nueces. Reservamos.

Mezclamos la mantequilla con la miel y el agua. Vertemos sobre la avena y removemos muy bien hasta que esté todo bien impregnado.

Sacamos el molde con la base de galleta del horno y extendemos sobre ella el relleno, espolvoreando por encima una buena cantidad de granola. Bajamos el horno a 160 ºC y horneamos 25 minutos, hasta que la granola esté dorada.

Dejamos templar en el molde por completo antes de desmoldar y cortar en porciones.

Cremas
y merengues

En este capítulo aprenderemos a elaborar algunas de las cremas más frecuentes en pastelería, con las que prepararemos después muchas de las recetas de *cupcakes*, tartas y tartaletas, o que nos servirán para rellenar y decorar infinidad de postres y creaciones reposteras.

En primer lugar, exploraremos el mundo de la *ganache*. Este es un término de origen francés que denomina la emulsión de chocolate con un líquido caliente que, normalmente, suele ser nata. Aunque el universo de posibilidades de las *ganaches* es infinito y, a medida que avancemos en este libro, descubriremos que hay muchas otras combinaciones posibles —con purés de frutas, con queso crema, etc.—, lo más habitual es que en nuestras recetas encontremos su formato más tradicional: la *ganache* de chocolate y nata, que, además, es la mejor manera de iniciarse en este tipo de preparación.

En la *ganache*, la proporción de chocolate y nata cambiará en función de dos variables: su uso posterior, si necesitamos que sea más densa o líquida, y el tipo de chocolate utilizado, ya que el resultado se ve directamente afectado por el porcentaje de pasta de cacao que contenga.

Esta emulsión se emplea, normalmente, de tres formas: líquida, para glasear; cremosa, para rellenar o decorar; y montada, para decorar. En este sentido, la *ganache* podrá tener, además, algunos ingredientes adicionales en función de su uso posterior: mantequilla para un glaseado más sedoso, azúcar invertido para que resista mejor la congelación, gelatina para que aguante firme más tiempo, etc. En este capítulo veremos varias recetas y conseguiremos dominarla sin ningún problema. Además, en el apartado de los *macarons* elaboraremos *ganaches* más avanzadas que nos permitirán explorar más a fondo su fascinante mundo.

> **CONSEJO**
>
> Una herramienta muy útil cuando elaboramos *ganache* es la batidora de inmersión o batidora de brazo. Con ella emulsionaremos mucho mejor nuestras *ganaches*, sobre todo aquellas que incorporan más ingredientes que el chocolate y la nata, o cuando hagamos mucha cantidad.

Otra crema que exploraremos es la pastelera. Esta crema ha sido, sin duda, la protagonista de mi infancia y una de las responsables directas de mi amor por la pastelería. Mencionada por primera vez en un recetario francés del siglo XVII, *Le Nouveau cuisinier royal et bourgeois*, de François Massialot, es una de las cremas más deliciosas que se pueden elaborar y ha dado lugar a muchas otras variedades que también exploraremos en este capítulo. Emparentada con otras preparaciones más líquidas como la crema inglesa, la crema pastelera se caracteriza por usar harina o maicena, lo que le proporciona su inconfundible densidad. En mi caso suelo recurrir a la maicena, ya que el resultado final es más sedoso y, su sabor, excelente.

Sus derivadas son dos cremas muy famosas en la repostería francesa y universal: la crema diplomática y la crema muselina. La crema diplomática lleva añadidas gelatina y nata, y se utiliza en infinidad de postres, como, por ejemplo, los milhojas o los *éclairs*. Hay que tener en cuenta que es muy ligera, por lo que no soportará bizcochos pesados encima. La crema muselina, por su parte, es la combinación de la crema pastelera con mantequilla y, muy habitualmente, con otro ingrediente como el praliné de avellanas, la pasta de pistacho, etc. Es una crema muy sedosa y se usa en clásicos como el *fraisier* o el París-Brest.

En este capítulo veremos también otras cremas muy habituales en el mundo de la pastelería y que encontraremos en muchas elaboraciones, como la crema de queso, esencial para muchos dulces de la repostería estadounidense.

Por último, abordaremos también el mundo del merengue, que es la crema obtenida con el batido de claras de huevo a alta velocidad, que se montan al introducirse aire y crearse burbujas.

Existen tres tipos principales de merengue

- **Merengue francés:** Se montan las claras a punto de nieve, añadiendo al final el azúcar —si se agrega muy pronto dificulta que las claras monten—. Este merengue permanece estable un tiempo, pero después empieza a perder el aire y vuelve a hacerse líquido, por lo que se suele utilizar para elaboraciones que van horneadas como la *pavlova* o los suspiros, o también como preparación de base para otros postres como los *macarons* franceses o bizcochos como el *angel food*. Es el merengue más suave y ligero de los tres.
- **Merengue suizo:** En este caso, el azúcar se integra previamente en las claras calentándolas al baño maría hasta que el azúcar se disuelve. Una vez obtenida esta preparación, montamos a punto de nieve hasta lograr un merengue estable. El beneficio de elaborar el merengue mediante esta técnica es que el azúcar le confiere estabilidad, de forma que una vez que está montado ya no se baja. Es muy sedoso, pero también más denso que el francés, y resulta perfecto como base para cremas como la crema de merengue suizo, que también veremos en este capítulo.
- **Merengue italiano:** En esta variante, las claras se montan a punto de nieve al igual que en el merengue francés, pero el azúcar se incorpora de una forma totalmente diferente, ya que se usa un almíbar caliente que las cocina, estabilizándolas. Es, quizá, el más técnico de los tres: semimontamos las claras mientras elaboramos el almíbar y lo llevamos a 118 ºC, y luego lo incorporamos en forma de hilo para cocer las claras.

Este merengue se utiliza mucho para elaborar *macarons* y también para decorar, puesto que aporta un sabor parecido al de las nubes —*marshmallows*— y una estabilidad perfecta.

Para un primer contacto con los merengues abordaremos dos postres sencillos: los merengues de frambuesa y la *pavlova*. Para los primeros usaremos el estilo Ottolenghi. Este chef pastelero de origen israelí prepara unos merengues de tamaño gigante que vende en sus maravillosas pastelerías de Londres. Él elabora el merengue francés calentando previamente el azúcar en el horno hasta que empieza casi a fundirse. Esto contribuye a que se deshaga con mayor facilidad y el merengue quede especialmente suave y ligero.

Para la *pavlova* vamos a partir de un merengue francés que hornearemos a una temperatura baja, entre 90 y 100 ºC, para que pierda la humedad y así quede totalmente estable. La dificultad es doble: por un lado, necesitamos obtener un merengue firme —también llamado «de pico duro»— y, por otro, tenemos que hornear a la temperatura justa para que no coja color —si el horno está muy fuerte, se tostará— y durante el tiempo suficiente para que quede totalmente seco por fuera y suave en el centro.

Las ganaches

La clave para que nuestra *ganache* sea espectacular es encontrar un chocolate de buena calidad en gotas. Debemos tener cuidado en no confundir el chocolate en gotas, que es lo que necesitamos aquí, con los *chips* de chocolate, ya que por su formulación no obtendremos una *ganache* perfecta. En la página 84, en la receta de las *cookies* de plátano y crema de chocolate y avellanas, hablo más sobre la diferencia entre ambos tipos de chocolate.

Vamos a realizar dos tipos de *ganache*: una muy versátil que, recién preparada, será perfecta para glasear nuestros postres y que, una vez cristalizada, servirá para rellenar o cubrir; y otra muy cremosa, con bastante mantequilla y deliciosa para rellenar y/o cubrir tartas.

Ganache firme para glasear, rellenar o cubrir

INGREDIENTES

150 g de chocolate negro 54 %
150 g de nata de montar 35 % mg
Opcional: 15 ml de azúcar invertido

200 g de chocolate blanco o con leche
100 g de nata de montar 35 % mg
Opcional: 15 ml de azúcar invertido

Troceamos el chocolate finamente si es que no viene en gotas y lo colocamos en un bol resistente al calor.

Ponemos la nata a calentar —con el azúcar invertido, si lo usamos, que nos aportará brillo y mejorará la textura de la *ganache* si vamos a refrigerarla o congelarla— y cuando comience a hervir, la vertemos sobre el chocolate. Removemos hasta que la mezcla sea homogénea y la emulsión sea perfecta, obteniendo una *ganache* brillante. Podemos usar la batidora de inmersión para mejorar la emulsión.

Filmamos a piel y dejamos enfriar a temperatura ambiente. Irá cogiendo consistencia hasta tener una textura similar a la crema de cacao y avellanas. Si la refrigeramos, se pondrá totalmente firme. Si queremos usarla para glasear, lo haremos cuando tenga la consistencia deseada, densa, similar a un yogur bebible. Para rellenar o cubrir esperaremos más horas para que tenga mayor firmeza. Si la preparamos con antelación y se endurece en exceso, podemos recuperar la textura original calentándola al baño maría o en el microondas con cuidado.

CONSEJO

Si nos cuesta integrar totalmente el chocolate, especialmente en el caso del chocolate con leche y el blanco, también podemos fundirlo antes de añadir la nata; esto nos ayudará a que la emulsión se produzca más rápidamente, aunque debemos tener mucho cuidado de no quemar el chocolate cuando lo estemos derritiendo.

Ganache cremosa de chocolate con mantequilla para rellenar y cubrir

INGREDIENTES

425 g de chocolate negro 54 %
400 ml de nata de montar
2 cucharadas de glucosa (opcional,
mejora el brillo y evita que se endurezca)
200 g de mantequilla

○

550 g de chocolate con leche o blanco
275 ml de nata de montar
2 cucharadas de glucosa
200 g de mantequilla

Troceamos el chocolate y lo colocamos en un bol resistente al calor. Ponemos la nata a calentar con la glucosa y, cuando comience a hervir, la vertemos sobre el chocolate. Removemos hasta que la mezcla sea homogénea. Podemos usar la batidora de inmersión para mejorar la emulsión.

Incorporamos la mantequilla y removemos muy bien. Filmamos a piel y dejamos que vuelva a temperatura ambiente y tenga la textura adecuada, similar a la de una crema de cacao y avellanas.

Si tienes prisa y quieres que se atempere más rápidamente, te recomiendo que la coloques en una bandeja y la cubras con film a piel. Al estar extendida por una superficie mayor se enfriará de forma más homogénea que si la dejas en un bol.

Crema pastelera

Mi memoria más temprana vinculada a la repostería casera es la de rebañar los cazos en los que mi madre había preparado crema pastelera. De hecho, me recuerdo quemándome la lengua por mi ansia por probar la crema recién hecha. Sin duda, una vez la elabores, ya no podrás resistirte a ella.

INGREDIENTES

375 g de leche
75 g de azúcar blanco
3 yemas
35 g de maicena

En un cazo calentamos la leche con la mitad del azúcar. Mientras tanto, batimos enérgicamente las yemas con el resto del azúcar y la maicena, hasta que no haya ni un grumo.

Cuando la leche empiece a humear, la vertemos sobre las yemas sin dejar de remover.

Cuando esté todo disuelto, vertemos la mezcla en el cazo y calentamos de nuevo sin dejar de remover hasta que empiece a espesar. Cuando comience a hervir retiramos del fuego de inmediato.

Reservamos filmada a piel.

PARA LA CREMA DE SABORES

- Puedes fácilmente convertir tu crema pastelera en crema de café añadiendo un par de cucharaditas de café instantáneo a la leche con la que la vayas a preparar. Lo mismo se aplica para el té matcha o el chai, si la quieres hacer de ese sabor.
- Funde 50 g de chocolate negro, blanco o con leche y mézclalo con tu crema pastelera caliente para lograr una crema pastelera de chocolate.
- Aromatiza tu crema pastelera de naranja o limón usando ralladura.
- Usa leche de coco en lugar de leche normal para hacerla de coco y añade dos cucharadas de coco rallado para darle textura al final.

Crema muselina

Esta crema combina mantequilla y crema pastelera en una mezcla absolutamente irresistible y sedosa. Es la crema de la famosa tarta París-Brest y casa maravillosamente con bizcochos ligeros como el genovés.

INGREDIENTES

250 ml de leche
55 g de azúcar blanco
2 yemas
25 g de maicena
50 g de mantequilla + 150 g de mantequilla
Opcional:
2 cucharaditas de vainilla en pasta
o 130 g de praliné de avellana,
de pasta de pistacho, de crema de cacao
y avellana, etc.

Calentamos en un cazo la leche con la mitad del azúcar, así como la vainilla, si la vamos a usar.

Aparte, batimos enérgicamente las yemas con el resto del azúcar y la maicena, hasta que no haya ni un grumo.

Cuando la leche empiece a humear, la vertemos sobre las yemas sin dejar de remover. Cuando esté todo disuelto, devolvemos la mezcla al cazo y calentamos de nuevo sin dejar de remover hasta que empiece a espesar.

Cuando comience a hervir retiramos del fuego de inmediato. Incorporamos la primera parte de la mantequilla, es decir, 50 g. Cubrimos a piel la crema pastelera con *film* transparente hasta que vuelva a temperatura ambiente y, en ese momento, la batimos enérgicamente con unas varillas para que recupere la textura original.

Incorporamos el resto de la mantequilla y, si lo estamos usando, el praliné u otra pasta de fruto seco.

Crema diplomática

Esta crema nace al combinar la crema pastelera con nata, lo que la hace mucho más ligera, y atenúa su sabor. Es el relleno perfecto para los postres elaborados con masa *choux* y también para todo tipo de preparaciones livianas. Tal y como ya mencionábamos con la crema pastelera, podemos añadir innumerables sabores y aromas al elaborarla.

INGREDIENTES

500 g de crema pastelera
200 g de nata montada
4 g de gelatina en hojas

Hidratamos la gelatina en agua bien fría.

Preparamos la crema pastelera siguiendo las instrucciones de la página 130. Nada más retirarla del fuego, pesamos 500 g y le incorporamos la gelatina escurrida.

Dejamos regresar a temperatura ambiente filmado a piel.

Una vez tenemos la crema lista, montamos la nata. Recordemos que para que monte con mayor facilidad es importante que esté bien fría. Reservamos.

Cogemos la crema pastelera y la batimos enérgicamente con unas varillas para que recupere la textura original. Incorporamos la nata con movimientos envolventes.

Cremas de queso

Crema de queso al estilo americano

El queso crema americano fue inventado en la década de 1870 cuando William A. Lawrence, basándose en la receta del *neufchâtel* francés e incorporándole nata, elabora un queso cremoso muy denso y suave. Este será el nacimiento del queso de untar y pronto habrá muchas marcas que lo comercializarán por todo Estados Unidos. No es hasta casi un siglo después, en la década de los sesenta, que se populariza su uso en la preparación del *buttercream* americano —cuyos ingredientes originales son la mantequilla y el azúcar glas— y pronto se convierte en una de las cremas favoritas para acompañar bizcochos como el Red Velvet o el pastel de zanahoria.

INGREDIENTES

100 g de mantequilla sin sal a temperatura ambiente
250 g de azúcar superfino
165 g de queso de untar

Tamizamos el azúcar glas. A continuación, lo batimos con nuestras varillas eléctricas manuales o de sobremesa con la mantequilla a velocidad máxima hasta que se integre. Tenemos que esperar hasta que la mezcla sea perfectamente homogénea y esté aireada y se haya aclarado.

Añadimos el queso, que debe estar frío, y batimos, primero a velocidad baja y luego aumentándola hasta que la mezcla sea homogénea y cremosa. Cuanto más batamos, mayor consistencia tendrá la crema.

Crema de mascarpone

Esta crema nos da mucha versatilidad. Nos sirve para aquellas preparaciones en las que queremos una nata que se mantenga firme pero no tenemos —o no queremos usar— nata vegetal de pastelería, y para aquellas elaboraciones en las que queramos una crema de queso especialmente ligera. Por su sabor es perfecta también para combinar con todas aquellas recetas que llevan café.

INGREDIENTES

140 g de mascarpone frío
250 ml de nata de montar bien fría
De 30 a 50 g de azúcar glas

En un bol, colocamos el mascarpone con el azúcar glas. Batimos con varillas hasta que se integre.

Incorporamos la nata y batimos de nuevo hasta que monte. Tenemos que tener mucho cuidado de que no se corte, ya que la nata, con un exceso de batido, se convierte en mantequilla al separarse el suero de la grasa.

Merengue francés, suizo e italiano

Aprender a preparar los tres tipos básicos de merengue nos ayudará a sacar adelante muchísimas recetas en nuestro día a día en repostería, desde preparaciones sencillas como los besitos o suspiros a dulces tan técnicos y enrevesados como los *macarons*. El denominador común: que el bol esté bien limpio y libre de cualquier resto de grasa, y que al separar las claras de las yemas no queden restos de estas que puedan evitar que las claras monten bien. De hecho, en este libro encontrarás un capítulo entero destinado a elaboraciones que tienen como base el merengue.

Merengue francés

INGREDIENTES

3 claras de huevo
180 g de azúcar
1 cucharadita de maicena (opcional)
½ cucharadita de crémor tártaro (no más)
Opcional:
1 cucharadita de aroma de vainilla
u otro aroma que te guste.
Opcional:
Colorantes en gel o pasta

Montamos las claras con la batidora. Cuando empiecen a hacer espuma incorporamos el azúcar poco a poco mezclado con la maicena y el crémor tártaro.

Batimos hasta obtener un merengue firme y brillante.

Incorporamos el aroma y el colorante si los vamos a usar y tendremos listo nuestro merengue para la receta en la que lo vayamos a utilizar. En el capítulo «Pequeños dulces» hay muchas propuestas.

Merengue suizo

INGREDIENTES

3 claras de huevo
170 g de azúcar blanco

¿QUIERES HACER UNA CREMA CON TU MERENGUE?

Una vez tenemos un merengue suizo firme y brillante, añadimos 250 g de mantequilla a temperatura ambiente, poco a poco, hasta obtener una crema sedosa. A esta crema podremos añadirle un sinfín de sabores: crema de cacao y avellanas o de Kinder Bueno, dulce de leche, chocolate fundido, *speculoos*, pasta de pistacho, praliné de avellana, etc. Verás cómo la utilizamos en recetas de los capítulos dedicados a tartas perfectas y tartaletas.

Calentamos las claras con el azúcar al baño maría sin dejar de remover hasta que el azúcar esté totalmente disuelto. Para mayor seguridad con respecto a las claras, si son frescas y no pasteurizadas, recomiendo llegar hasta 74 ºC con un termómetro.

Retiramos las claras del baño maría, las pasamos al bol de la batidora y batimos a velocidad media-alta hasta que se monten y tengamos un merengue bien firme. El merengue tendrá «picos duros» y estará listo cuando vuelva a estar a temperatura ambiente.

Merengue italiano

INGREDIENTES

3 claras

180 g de azúcar

50 ml de agua

1 cucharada de sirope de maíz o glucosa

Mezclamos el azúcar con el agua y la glucosa en un cazo y lo ponemos a calentar hasta que la temperatura del termómetro de azúcar alcance los 118 ºC.

Mientras tanto, montamos las claras a punto de nieve. Cuando el almíbar haya alcanzado la temperatura indicada, lo echamos sobre las claras muy poco a poco, sin dejar de batir, como si fuera un hilillo, con cuidado de que no caiga el almíbar en las varillas de la batidora. Seguimos batiendo hasta que el merengue esté brillante.

Merengue suizo en el bol rosa. ▶
Merengue italiano en el bol marrón.
Crema de merengue suizo en el bol crema.
Merengue francés en el bol azul.

Merengue de frambuesa

Para que empecemos a quitarnos el miedo, prepararemos unos merengues al estilo Ottolenghi, es decir, calentando el azúcar en el horno previamente para facilitar después su incorporación a las claras. Es el estilo que después popularizaron las Meringue Girls en Londres y que tiene como resultado unos dulces suaves y aireados y una ligereza espectacular. En Ottolenghi se «pintan» los merengues con frambuesa, y nosotros haremos un *swirl* o remolino que les da un aspecto irresistible.

INGREDIENTES

PARA LA BASE DE MERENGUE
4 claras de huevo (120 g)
240 g de azúcar blanco

PARA EL REMOLINO DE FRAMBUESA
50 g de frambuesas
1 cucharada de azúcar
½ cucharadita de zumo de limón

PARA DECORAR
Frambuesa liofilizada

Colocamos las frambuesas en un cazo con el azúcar y el zumo de limón. Calentamos hasta que comiencen a deshacerse las frambuesas y suelten sus jugos. Cocemos durante 5 minutos hasta que reduzca bastante. Cuando estén bien blandas, colamos la salsa y la dejamos enfriar por completo cubierta con *film*.

Comenzamos por calentar el horno a 200 ºC con calor arriba y abajo. Cubrimos nuestra bandeja con papel de horno. Colocamos encima el azúcar blanco y lo metemos al horno hasta que comience a deshacerse por los bordes de la bandeja.

Ajustamos ahora el horno a 100 ºC mientras empezamos a preparar el merengue. Montamos las claras a punto de nieve y, cuando comiencen a hacer espuma, con mucho cuidado incorporaremos poco a poco el azúcar, que debe superar los 100 ºC en ese momento. Seguimos batiendo hasta que el merengue esté a temperatura ambiente y bien firme.

Colocamos grandes cucharadas de merengue sobre nuestra bandeja de horno, bien espaciadas, y encima de cada una de ellas vertemos una cucharadita de salsa de frambuesa en la zona central. Con ayuda de una brocheta o un palillo hacemos un remolino, con cuidado de no remover demasiado o nuestro merengue se volverá rosa.

Horneamos durante 2 horas o hasta que los merengues estén bien firmes al tacto y se despeguen con facilidad del papel.

Paso a paso

Pavlova de chocolate, nueces y caramelo salado

Este postre nace a principios del siglo xx en honor a la bailarina Anna Pavlova y hay una controversia eterna entre Australia y Nueva Zelanda por decidir en qué país se desarrolló esta receta por primera vez. En todo caso, aparece ya en varios recetarios y revistas culinarias de los años veinte y treinta de aquellos países, y hoy en día es un pastel famosísimo a nivel mundial. La versión original consta de un relleno de nata y frutos rojos, pero nosotros vamos a darle una vuelta para convertirla en un postre superoriginal.

INGREDIENTES

PARA LA BASE DE MERENGUE
215 g de azúcar
1,5 cucharadas de maicena (18 g)
4 claras de huevo mediano (120 g)
25 g de cacao

PARA EL RELLENO
360 ml de nata para montar
260 g de mascarpone
50 g de la salsa de caramelo salado
100 g de nueces picadas

PARA EL CARAMELO SALADO
100 g de azúcar blanco
45 g de mantequilla
a temperatura ambiente
65 ml de nata 35 % mg
½ cucharadita de sal

PARA DECORAR
Nueces picadas
Flores comestibles

Comenzamos preparando el merengue: precalentamos el horno a 100 ºC con calor arriba y abajo, sin aire. Montamos las claras a punto de nieve usando nuestras varillas. Cuando empiecen a hacer espuma comenzamos a incorporar el azúcar. Cuando tengamos un merengue firme incorporaremos, con la ayuda de una espátula, el cacao tamizado con la maicena.

Preparamos una bandeja de horno cubriéndola con papel de horno o un tapete de silicona y haremos un disco de merengue.

A continuación, horneamos durante 2 horas. Después, apagamos el horno y lo dejamos dentro hasta que el horno se enfríe.

Preparamos el caramelo: cubrimos con el azúcar la base de nuestro cazo y calentamos a fuego medio hasta que se vaya fundiendo. Removeremos con mucho cuidado. Cuando todo el azúcar se haya disuelto y el caramelo comience a tomar un color dorado, añadimos la mantequilla con cuidado y mezclamos hasta que se incorpore por completo. Apagamos el fuego, agregamos la nata y la sal y seguimos removiendo hasta tener una salsa homogénea. Dejamos enfriar en torno a media hora, o hasta que esté a temperatura ambiente, y después lo pasamos a nuestro biberón. Dejamos enfriar por completo hasta que vuelva a temperatura ambiente.

Preparamos el relleno batiendo el queso con la salsa de caramelo usando las varillas de nuestra batidora. Añadimos la nata. Seguimos montando hasta que esté bien aireado. Agregamos las nueces picadas usando la espátula con movimientos envolventes. Reservamos.

Colocaremos primero la base de nuestra *pavlova*, y encima, el relleno de mascarpone y nueces y una buena cantidad de salsa de caramelo.

Decoramos con las nueces, flores comestibles y más salsa de caramelo.

¿Magdalena, cupcake o muffin?

Una vez hemos entendido el fundamento de los bizcochos y de las principales cremas, llega el momento de atender a otras elaboraciones cuya base es, precisamente, la masa de bizcocho. En este sentido, no podemos dejar de hablar de las magdalenas, los *muffins* y los *cupcakes*, y aquí veremos cuáles son las diferencias entre estos tipos de pasteles.

La magdalena es un dulce tradicional tanto en nuestro país como en la vecina Francia, y cuyo origen es todavía debatido: ¿fue acaso una joven llamada Magdalena que en la Edad Media las probó haciendo el camino de Santiago y llevó con ella de regreso la receta a Francia, donde se popularizó en el siglo XVIII y no ha dejado de crecer en fama desde entonces? ¿O fue una joven cocinera llamada Madeleine quien las creó allá por el siglo XVIII en su cocina de Commercy, enamorando con ellas a toda la corte de Luis XV? ¿Será cierto que las inventó un chef de un ministro de Napoleón?

Sea como fuere, y aunque comparten el copete, podemos detectar dos diferencias esenciales entre las magdalenas españolas y las francesas: la forma —las del país vecino tienen forma de concha— y el tipo de grasa utilizada —ellos incorporan mantequilla fundida y nosotros, aceite—.

La miga, en ambos casos, es prieta y densa, aunque las magdalenas francesas tienen ese sabor inconfundible de la mantequilla, las españolas, esa textura característica que les da el aceite y el toque de limón.

En todo caso, si en algo coinciden tanto la receta francesa como la española es en la necesidad de refrigeración de la masa antes de meterla en el horno, y también en la importancia de que este esté muy caliente. Esto garantiza el famoso copete que aparece en ambas versiones.

En cambio, los *cupcakes* —los primos estadounidenses de las magdalenas, pero que no tienen nada que ver con ellas— aparecen mencionados por primera vez en un recetario en Estados Unidos a finales del siglo XVIII[3] y, como su nombre indica, son tartas en forma de tazas. A lo largo de su trayectoria se han convertido en recetas de tartas que, en lugar de hornearse en sus moldes habituales, lo hacen en pequeño formato.

Así, a diferencia de cuando hablamos de las magdalenas, no se puede definir un tipo de bizcocho único cuando nos referimos a los *cupcakes*; es decir, cualquier bizcocho puede hornearse en forma de *cupcake* —ya sea de zanahoria, de Red Velvet, de chocolate negro o de calabacín—, porque no es el bizcocho lo que define al *cupcake* sino su forma. En pocas palabras: es como si horneáramos el bizcocho de nuestra tarta en miniatura y cogiéramos la crema que iba a rellenarlo y la usáramos para decorar por encima.

En este libro disfrutaremos de tres recetas de *cupcakes*, todas ellas en base a la peculiaridad de sus ingredientes, lo que hace que sea muy divertido y variado elaborarlas. Además, me he asegurado de que aprendamos a preparar tres cremas diferentes: la crema armiño, que es la que tradicionalmente acompañaba el Red Velvet y que se elabora a partir de una bechamel, por lo que es menos dulce y muy sedosa; la crema de queso, que para mí es la más deliciosa para decorar *cupcakes*; y la crema de mantequilla de cacahuete, que es muy sencilla y siempre sale bien.

Finalmente, cuando hablamos de *muffins* nos referimos a la versión estadounidense, y no a su homónimo inglés —*English muffins*—, que son unos pequeños panecillos hechos con una masa fermentada que se tuesta en la sartén y que sirven de base para los huevos Benedict y muchas otras delicias. Los *muffins* americanos, de bizcocho, se popularizaron en Estados Unidos en el siglo XIX, y eran originalmente pequeños pasteles individuales tanto de variedades saladas como dulces. Su masa es húmeda y esponjosa, muy diferente de la de las magdalenas, y puede incorporar gran variedad de ingredientes, desde frutos secos a fruta fresca o deshidratada, *chips* de chocolate, vetas de *cheesecake*, etc. Tanto se han identificado estos pasteles con la cultura americana que hay incluso *muffins* «oficiales» de varios estados: en Massachusetts los de maíz, en Nueva York los de manzana y en Minnesotta los de arándanos. En las últimas décadas, curiosamente, han ido creciendo de tamaño hasta popularizarse los *muffins* gigantes que conocemos hoy en día.

Si hay una cosa importante cuando horneamos este tipo de bizcochos es llenar lo suficiente la cápsula para que crezcan bien hermosos. Existen bandejas especiales para *muffins* «jumbo» o XXL, pero si las usamos debemos tener en cuenta que saldrán menos unidades por receta de las que indico, ya que yo utilizo un molde de tamaño estándar, uno de *cupcakes*.

---

3   «A light cake to bake in small cups» aparece en 1796 en *American Cookery*, de Amelia Simmons. En 1828 se denominan por primera vez *cupcakes* en el recetario *Seventy-five Receipts for Pastry, Cakes, and Sweetmeats* de Eliza Leslie.

Madeleines

Esta receta tradicional francesa se caracteriza por su forma de concha y su barriga, por así llamarla, espectacular. Son perfectas para desayunar o merendar, pero también presentadas como *mignardises* con el café. Podemos bañarlas en chocolate una vez horneadas o añadir otros ingredientes en su elaboración, como pistacho picado, ralladura de naranja, canela o *chips* de chocolate negro. Además, si las conservamos en un recipiente hermético o las embolsamos de forma individual, aguantarán jugosas muchos días.

INGREDIENTES

Para unas 36 unidades

150 g de azúcar blanco
250 g de huevos
150 g de harina
1 cucharadita de levadura química (4,5 g)
150 g de mantequilla fundida
1 cucharadita de ralladura de limón
bien fina
Un poco más de mantequilla
para engrasar el molde

Comenzamos fundiendo la mantequilla. Reservamos para que vuelva a temperatura ambiente; nunca debemos añadirla a más de 50 ºC.

Tamizamos la harina con la levadura y reservamos.

Batimos los huevos con el azúcar hasta que se aireen un poco. Agregamos la ralladura de limón y luego la harina e incorporamos con la ayuda de una espátula. Añadimos finalmente la mantequilla fundida y refrigeramos la masa un mínimo de 2 horas, o mejor de un día para otro.

Precalentamos el horno a 210 ºC con calor arriba y abajo o a 195 ºC si es con aire. Engrasamos nuestro molde con espray desmoldante o mantequilla fundida más harina. Rellenamos el molde haciendo un zigzag de masa en cada cavidad con ayuda de una manga pastelera.

Horneamos 8 a 10 minutos, o hasta que las *madeleines* estén doraditas y con un copete espectacular.

Dejamos enfriar 5 minutos en el molde y después desmoldamos sobre una rejilla.

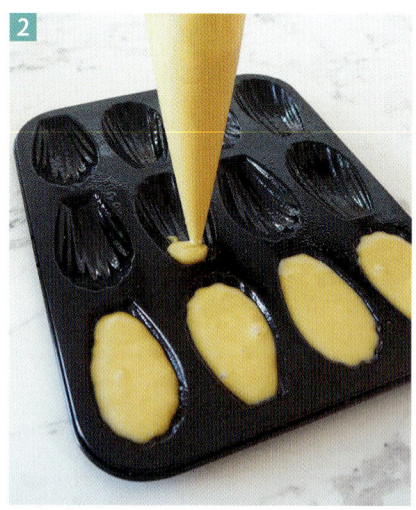

Magdalenas de aceite de oliva y limón

La magdalena de toda la vida, con su miga prieta y su copete bien crecido. Se desmiga en la boca como ninguna otra y aguanta jugosa muchos días. Yo las decoro siempre con un poco de azúcar espolvoreado, pero se puede omitir o sustituir por pepitas de chocolate o trocitos de fruta. Mi truco favorito es preparar la masa antes de irme a dormir y hornearlas nada más levantarme. Es uno de los mejores desayunos caseros que se me pueden ocurrir.

INGREDIENTES

Para 12 unidades

180 g de azúcar blanco
120 ml de leche
80 ml de aceite de oliva virgen extra
180 g de harina floja
1,5 cucharaditas de levadura química (7 g)
La ralladura de un limón
Una pizca de sal
2 huevos camperos
1 yema de huevo

Batimos los huevos y la yema con el azúcar usando unas varillas. Cuando esponjen incorporamos la leche y, a continuación, el aceite poco a poco. Añadimos la ralladura de limón.

En un bol aparte, tamizamos la harina, la sal y levadura química.

Incorporamos la mezcla de ingredientes secos a la de los huevos, lentamente, batiendo el tiempo justo para que la mezcla sea homogénea. Tapamos la masa con un paño o un *film* y la dejamos reposar en la nevera entre 1 y 24 horas.

Pasado el tiempo de reposo, precalentamos el horno a 220 ºC con calor arriba y abajo o a 205 ºC si es con aire. Preparamos un molde de *cupcakes* con los papeles de magdalena blancos.

Sacamos la masa de la nevera, la removemos de nuevo con un batidor manual y la repartimos entre los moldes usando una cuchara de helado de 50 mm, llenándolos hasta tres cuartos de su capacidad.

Introducimos las magdalenas en el horno y bajamos la temperatura a 210 ºC o a 195 ºC si es con aire. Horneamos entre 14 y 16 minutos, o hasta que al pinchar con un palillo este salga limpio.

Dejamos enfriar 5 minutos en el molde y después desmoldamos sobre una rejilla.

¿CÓMO AJUSTAR EL HORNO CORRECTAMENTE PARA MAGDALENAS, *MUFFINS* Y *CUPCAKES*?

Tanto en las magdalenas como en los *muffins* buscamos bastante crecimiento vertical. En el caso de las magdalenas, usaremos un horno muy fuerte y una masa fría para que este crecimiento sea «en pico», casi como un volcán.

Para los *muffins* usaremos un horno fuerte, aunque el contraste térmico no será tan extremo, ya que la masa estará a temperatura ambiente. Esto hará que crezcan de forma vertical, pero más redondeada. Si quedan con forma de seta plana, es que necesitan un horno más caliente.

Finalmente, los *cupcakes* deben crecer con una leve cúpula, no totalmente planos, pero tampoco con forma de volcán. La temperatura de horno que suelo recomendar es de 170 °C con calor arriba y abajo, sin aire, y con la bandeja en el centro del horno. Si usando esta temperatura los *cupcakes* quedan excesivamente planos, podemos probar a hornear a 180 °C. Si quedan picudos, con forma de volcán, bajaremos la bandeja del horno para alejarla de la resistencia superior. Si nuestro horno tiene obligatoriamente ventilador, reduciremos la temperatura a 160 °C.

Cupcakes de Red Velvet

Los pasteles de estilo «terciopelo» tienen su origen en la época victoriana, pero no es hasta 1943 cuando se menciona por primera vez el bizcocho «Red Velvet» en un recetario, en concreto en el *Joy of Cooking* (1975), de Irma S. Rombauer y Marion Rombauer Becker. El tono rojizo venía originalmente de la reacción que se producía entre los ingredientes ácidos y el cacao natural sin procesar, y se acentuó mucho por el uso de la remolacha para endulzar el bizcocho durante el racionamiento del azúcar en la Segunda Guerra Mundial y posteriormente. La remolacha no solo endulzaba, sino que aportaba color y además mantenía el bizcocho más jugoso por más tiempo. Hoy en día, ante la dificultad de encontrar un cacao que no haya sido procesado, se utiliza colorante rojo, así como vinagre para aportar esa acidez necesaria. Sin duda, la versión más conocida y más cercana a la que es popular hoy en día es la del hotel Waldorf Astoria de Nueva York, aunque su éxito más reciente se explica por su aparición en varias películas y series de los noventa como *Sexo en Nueva York*, y es uno de los sabores más conocidos de Magnolia Bakery.

La crema que prepararemos en este caso es la tradicional, el glaseado armiño, pero puede prepararse con la crema de queso que aparece en la página 136.

INGREDIENTES

Para 12 unidades

PARA EL BIZCOCHO

60 ml de aceite
160 g de azúcar
1 huevo
1 cucharada rasa de cacao sin azúcar (7 g)
½ cucharadita de colorante en pasta rojo extra aproximadamente 2 g
1,5 cucharadita de extracto de vainilla
125 ml de leche
1 cucharadita de zumo de limón (5 ml)
150 g de harina
½ cucharadita de bicarbonato sódico (2,2 g)
1 cucharadita de vinagre blanco (5 ml)

PARA LA CREMA ARMIÑO
(*ERMINE ICING*)

30 g de harina
165 ml de leche
115 g de azúcar
190 g de mantequilla a temperatura ambiente
2 cucharaditas de vainilla en extracto o pasta (10 ml)

Precalentamos el horno a 180 ºC con calor arriba y abajo, o a 165 ºC si es con aire. Preparamos el molde de *cupcakes* con las cápsulas. Mezclamos la leche con el zumo de limón y dejamos reposar para preparar un *buttermilk* casero.

En un bol, batimos el aceite con el azúcar y el huevo. Incorporamos la vainilla. Reservamos.

Tamizamos la harina con el cacao. Agregamos a la mezcla anterior alternando con el *buttermilk* casero. Añadimos el colorante y, finalmente, el bicarbonato mezclado con el vinagre. Veremos que se produce una reacción: ¡el poder del impulsor está activado!

Repartimos la masa en las cápsulas usando una cuchara de helado de 50 mm. Horneamos 18-20 minutos o hasta que al pinchar con un palillo salga limpio. Dejamos enfriar 5 minutos en el molde y después desmoldamos sobre una rejilla.

Para preparar la crema: mezclamos la harina con la leche tibia y el azúcar hasta que no haya ningún grumo. Calentamos sin dejar de remover hasta obtener una «bechamel» un poco gordita. Lo ideal es alcanzar los 74 ºC como mínimo, para eliminar cualquier problema de riesgo alimentario. Seguiremos removiendo hasta que la bechamel esté espesa. Dejamos enfriar, cubierta con un *film* a piel, hasta que vuelva a temperatura ambiente.

Mientras tanto, batimos la mantequilla con las varillas hasta que se aclare y esté bien aireada. Bajamos la velocidad y vamos añadiendo la bechamel poco a poco hasta lograr una crema suave y sedosa. En este punto podemos incorporar la vainilla si la queremos usar. La clave para que esta crema sal-

▼

ga perfecta es que la bechamel haya quedado bien espesa y que esté totalmente a temperatura ambiente cuando la incorporemos a la mantequilla. Lo más importante es que ambos ingredientes, bechamel y mantequilla, estén a temperaturas similares para una emulsión perfecta, por eso recomiendo no meter la bechamel en la nevera antes de proceder a batirla.

Decoramos nuestros *cupcakes* con la manga pastelera y una boquilla 1M. Podemos rallar uno de los *cupcakes*, usando un colador, para decorar con sus migas.

Cupcakes de limón y arándanos

Creo que una de las partes más bonitas de realizar esta receta es el momento de rellenar los *cupcakes* con la salsa casera de arándanos. Dan ganas de comérselos así, sin decorar, pero te animo a que resistas las ganas y los cubras con la crema de queso. Cuando des el primer bocado, perderás el sentido. Son impresionantes.

INGREDIENTES

Para 14 unidades de tamaño estándar

100 ml de aceite
140 g de azúcar
2 huevos
120 g de yogur griego
200 g de harina
½ cucharadita de bicarbonato sódico (2,2 g)
½ cucharadita de levadura química (2,2 g)
La ralladura de 1 limón

PARA EL RELLENO

200 g de arándanos
35 g de azúcar
25 ml de agua
½ cucharada de maicena (4 g)

PARA LA CREMA

80 g de mantequilla
a temperatura ambiente
225 g de azúcar glas
130 g de queso de untar frío

¿TUS CÁPSULAS SE TRANSPARENTAN?

En general, buscaremos cápsulas de marcas conocidas y evitaremos colores claros para masas oscuras. Si las cápsulas no resisten bien la grasa, se mancharán y transparentarán siempre. Además, existen en el mercado cápsulas rígidas que resisten la grasa y no requieren el uso de molde. Son muy cómodas si no tenemos el molde y no queremos comprar uno.

Comenzamos preparando el relleno: calentamos los arándanos con el azúcar, aplastándolos un poco para que suelten el jugo. Añadimos el agua mezclada con la maicena para espesar la salsa. Reservamos tapando con *film* a piel hasta que vuelva a temperatura ambiente.

Precalentamos el horno a 180 ºC con calor arriba y abajo, o a 165 ºC si es con aire. Preparamos el molde con las cápsulas.

Mezclamos el aceite con el azúcar. Añadimos los huevos. Mezclamos de nuevo. Agregamos el yogur y la ralladura de limón. Reservamos.

Incorporamos la harina tamizada con el bicarbonato y la levadura química.

Repartimos la masa en las cápsulas usando una cuchara de helado de 50 mm.

Horneamos 18-20 minutos o hasta que al pinchar con un palillo salga limpio.

Dejamos enfriar 5 minutos en el molde y después desmoldamos sobre una rejilla.

Una vez fríos, descorazonamos los *cupcakes* con un descorazonador de manzana y los rellenamos. Nos reservamos un poco del relleno, 3 cucharadas, para la crema. Lo colamos para evitar que después nos atasque la boquilla.

Tamizamos el azúcar glas y lo batimos con la mantequilla. Batimos con las varillas hasta que la mezcla está totalmente integrada y se aclare, al menos 5-6 minutos a máxima velocidad. Incorporamos el queso. Batimos de nuevo hasta que la mezcla se aclare y crezca su volumen, como si «montara». Añadimos el relleno de arándanos que habíamos colado. Debemos rebañar varias veces para evitar que queden grumos.

Decoramos los *cupcakes* con la manga pastelera.

¿MAGDALENA, *CUPCAKE* O *MUFFIN*?

Cupcakes de Snickers

Las primeras barritas Snickers se comercializaron en Chicago en los años treinta por cinco centavos la unidad. Desde ese momento comienza a ganar popularidad, y hoy sigue siendo una de las chocolatinas más vendidas. Se compone de una base de *nougat* cubierta por cacahuetes y una salsa de caramelo espectacular, bañada en chocolate. Nosotros prepararemos estos *cupcakes* inspirados en su sabor tan característico y, una vez los pruebes, no habrá vuelta atrás.

INGREDIENTES

Para 14 unidades de tamaño estándar

150 g de harina
45 g de cacao puro
½ cucharadita de bicarbonato (2,2 g)
¾ de cucharadita
de levadura química (3,4 g)
Una pizca de sal
100 g de azúcar blanco
100 g de azúcar moreno
30 ml de aceite
100 ml de leche
1 cucharadita de zumo de limón (85 ml)
100 ml de café recién hecho
o agua hirviendo[4]
1 huevo campero
45 g de mantequilla de cacahuete

PARA EL RELLENO

65 g de azúcar blanco
30 g de mantequilla
40 ml de nata de montar 35 % mg
35 g de mantequilla de cacahuete
35 g de cacahuetes tostados con miel

PARA LA CREMA

100 g de mantequilla sin sal
a temperatura ambiente
275 g de azúcar glas
235 g de mantequilla de cacahuete
90 ml de nata de montar
35 % materia grasa fría

Precalentamos el horno a 180 ºC con calor arriba y abajo, o a 165 ºC si es con aire.

Preparamos el molde con las cápsulas.

Mezclamos la leche con el zumo de limón y reservamos 5-10 minutos.

Mezclamos el aceite con el huevo, la leche y la mantequilla de cacahuete. Reservamos.

Mezclamos los dos tipos de azúcar y la sal, tamizamos encima la harina con los impulsores y el cacao. Añadimos los líquidos a los secos. Cuando la mezcla empiece a estar homogénea, incorporamos el agua caliente.

Repartimos la masa en las cápsulas y horneamos 18-20 minutos o hasta que al pinchar con un palillo salga limpio.

Dejamos enfriar 5 minutos en el molde y después desmoldamos sobre una rejilla.

PARA EL RELLENO

Picamos los cacahuetes con miel y reservamos. Cubrimos con el azúcar la base de nuestro cazo y comenzamos a calentar a fuego medio hasta que se vaya fundiendo. Podemos remover, pero ¡cuidado! Tiene que ser con una espátula resistente a altas temperaturas.

Cuando todo el azúcar se haya disuelto y el caramelo comience a tomar un color dorado, añadimos la mantequilla —¡cuidado, salta! — y removemos hasta que se incorpore por completo. Apagamos el fuego, agregamos la nata y seguimos removiendo hasta obtener una salsa homogénea.

Añadimos la mantequilla de cacahuete y los cacahuetes troceados. Dejamos enfriar tapando con film a piel hasta que esté a temperatura ambiente, y después lo pasamos a nuestra manga.

▼

---

4   El café o agua hirviendo compensa la sequedad que causa el cacao en las masas, lo que hace que este bizcocho quede extremadamente jugoso.

Descorazonamos los *cupcakes* con un descorazonador de manzanas y rellenamos.

PARA LA CREMA

Batimos la mantequilla con el azúcar glas y la mantequilla de cacahuete con las varillas.

Cuando esté totalmente integrado añadimos la nata. Batimos con las varillas hasta que la mezcla sea muy cremosa. Debemos tener cuidado porque, como estamos usando nata, si nos «pasamos» se puede cortar.

Decoramos los *cupcakes* con la manga pastelera.

¿SE TE ATRAGANTA LA MANGA PASTELERA?

Tres trucos para que no nos suceda:
- Pon una pinza o haz un nudo al final de la manga para evitar que, al apretar, tu crema vaya hacia atrás y no hacia delante.
- Intenta utilizarla con una sola mano para que sea tu mano dominante la que dirija los movimientos.
- Antes de rellenar la manga vacíala siempre por completo, así evitarás que se formen bolsas de aire dentro de la manga.

Muffins de arándanos

Una de las recetas más típicas de *muffins*. Los arándanos aportan sabor y jugosidad, pero también mucho color. Recordemos no añadir demasiada cantidad si no queremos que acaben todos al fondo y no haya forma de comerse el *muffin*. Por cierto, esta misma receta queda deliciosa con moras o frambuesas, y, si usamos fruta congelada, debemos descongelarla antes sobre un colador en la nevera para que pierda el agua de la congelación.

INGREDIENTES

Para 15 unidades

280 g de harina
2 cucharaditas de levadura química (9 g)
¼ de cucharadita de bicarbonato (1 g)
Una pizca de sal
100 ml de aceite
185 g de azúcar blanco
2 huevos medianos
175 ml de leche
5 ml de zumo de limón
180 g de arándanos
½ cucharada de vainilla en pasta

PARA EL *TOPPING*

30 ml de aceite
45 g de azúcar blanco
80 g de harina

Precalentamos el horno a 195 ºC con calor arriba y abajo, o a 180 ºC si es con aire.

Preparamos nuestra bandeja de *cupcakes* con las cápsulas de papel.

Mezclamos la leche con el zumo de limón y dejamos reposar 10 minutos.

Mezclamos el aceite con el azúcar y los huevos. Incorporamos la harina tamizada con la levadura química, el bicarbonato y la sal, alternamos con el *buttermilk*. Incorporamos la vainilla y los arándanos. Repartimos la masa en las cápsulas.

Mezclamos los ingredientes del *topping* hasta que parezcan migas y espolvoreamos por encima de los *muffins*.

Horneamos 18-20 minutos hasta que estén doraditos.

Dejamos enfriar 5 minutos en el molde y después desmoldamos sobre una rejilla.

Muffins de calabaza con *cheesecake*

Esta receta es una de mis favoritas para otoño, aunque, en realidad, la hago durante casi todo el año. El sabor de la calabaza especiada con el relleno de queso es como comer un bocado de tarta de calabaza, pero sin el trabajazo que conlleva elaborarla. Un consejo: para preparar el puré de calabaza es mejor asarla —a 180 ºC hasta que esté blanda—, ya que, si la cocemos directamente en agua hirviendo, absorberá mucha agua y después los *muffins* quedarán chiclosos.

INGREDIENTES

Para 12 unidades

PARA LA MASA

60 ml de aceite suave
100 g de panela
100 g de azúcar blanco
2 huevos
180 g de puré de calabaza
200 g de harina
1,5 cucharaditas de levadura química (7 g)
¼ de cucharadita de bicarbonato (1 g)
Una pizca de sal
1 cucharadita de *pumpkin pie spices* (4 g)

PARA EL RELLENO

120 g de queso de untar
1 yema
1 cucharada de azúcar (15 g)
½ cucharadita de *pumpkin pie spices* (1 g)[5]

PARA EL TOPPING

15 g de mantequilla fundida
15 g de azúcar blanco
10 g de panela
45 g de harina
¼ de cucharadita de *pumpkin pie spices* (2 g)

Precalentamos el horno a 195 ºC con calor arriba y abajo, o a 180 ºC si es con aire.

Preparamos nuestra bandeja de *cupcakes* con las cápsulas de papel.

Mezclamos el aceite con los dos tipos de azúcar, los huevos y la calabaza. Incorporamos la harina tamizada con las especias, el bicarbonato, la levadura y la sal. Reservamos.

PARA EL RELLENO

Mezclamos el queso con la yema, el azúcar y las especias.

Repartimos la masa en cada cápsula, una cucharada si estamos usando la cuchara de helado de 50 mm. Encima, colocamos una cucharada de relleno de queso. Cubrimos con el resto de la masa.

Preparamos el *topping* mezclando con un tenedor todos los ingredientes hasta que parezcan migas.

Espolvoreamos sobre los *muffins*.

Horneamos 18-20 minutos. Dejamos enfriar 5 minutos en el molde y después desmoldamos sobre una rejilla.

---

5   Podemos preparar nuestra *pumpkin pie spices* mezclando 4 cucharadas de canela con 2 cucharadas de jengibre en polvo, 1 cucharadita de clavo molido y ½ de cucharadita de nuez moscada.

Muffins de manzana y canela

Un clásico irresistible. Usaremos manzana dulce para un acabado más suave o manzana ácida si perseguimos un toque especial. También podemos elaborarlos con pera o, en verano, con trocitos de melocotón o fruta de temporada. En este caso, podemos sustituir la canela por extracto de vainilla o incluso explorar otras especias como el cardamomo.

INGREDIENTES

Para 12 unidades

280 g de harina
2 cucharaditas de levadura química (9 g)
¼ de cucharadita de bicarbonato (1 g)
Una pizca de sal
100 g de mantequilla fundida
a temperatura ambiente
150 g de azúcar blanco
35 g de panela
2 huevos medianos
100 g de puré de manzana[3]
100 g de manzana cortada en dados
2 cucharaditas de canela

PARA EL CRUMBLE

15 g de mantequilla fundida
15 g de azúcar blanco
10 g de panela
45 g de harina
1 cucharadita de canela

---

3   El puré de manzana podemos comprarlo ya preparado o elaborarlo nosotros cociendo la manzana al vapor o al microondas. No recomiendo cocerla en agua, porque absorbe mucha en el proceso y después queda la masa chiclosa.

Precalentamos el horno a 195 ºC con calor arriba y abajo, o a 180 ºC si es con aire.

Preparamos nuestra bandeja de *cupcakes* con las cápsulas de papel.

Mezclamos la mantequilla fundida con los dos tipos de azúcar y los huevos. Añadimos la harina tamizada con la canela, la sal, el bicarbonato y la levadura, alternando con el puré de manzana. Agregamos la manzana cortada en dados pequeños y repartimos entre las cápsulas.

Preparamos el *topping* mezclando con un tenedor todos los ingredientes hasta que parezcan migas.

Horneamos 22 minutos o hasta que al pinchar con un palillo salga limpio.

Dejamos enfriar 5 minutos en el molde y después desmoldamos sobre una rejilla.

Pequeños dulces

En este capítulo nos dedicaremos a una categoría que no podemos olvidar: la de los pequeños dulces, bocados que son una verdadera delicia.

Comenzaremos elaborando dos de los dulces tradicionales franceses más ricos y sencillos que conozco: los *financiers* y los *canelés*. Los primeros tienen su origen en la región de Lorena y fueron inventados por las monjas de la Orden de la Visitación en el siglo XVII, popularizándose en el siglo XIX. Tradicionalmente se hornean en moldes rectangulares, aunque hoy en día se utilizan todo tipo de moldes para elaborarlos. Sus dos características principales son la harina de almendra, que les aporta gran jugosidad, y la mantequilla avellana, que ya vimos en los *blondies* americanos.

Por su parte, los *canelés*, de la zona de Burdeos, también tienen un origen monacal y se caracterizan por una superficie caramelizada y un interior muy untuoso que parece casi una crema pastelera. Algo desaparecidos durante la Revolución francesa, resurgieron en el siglo XX y hoy en día son extremadamente populares. Para su elaboración tendremos que usar un molde específico —que merece la pena comprar, por lo deliciosos que quedan al elaborarlos en él— y preparar la masa 24 horas antes de hornearla para que el resultado sea óptimo.

Luego abordaremos el mundo de los *macarons*, que son, quizá, uno de los dulces más famosos y deseados a nivel mundial. Dice la tradición que nacieron en Italia y durante el Renacimiento llegaron a Francia en una versión muy primitiva. Los ingredientes principales eran los mismos que los de hoy en día: clara de huevo, harina de almendra, azúcar blanco y azúcar glas. Pero no es hasta el siglo XIX que se popularizan en la versión que ahora todos conocemos, el típico *macaron* parisino: dos pastitas y un centro con crema de mantequilla o frutas, o de *ganache*.

Hoy en día se preparan con dos tipos de merengue distintos

- **Con merengue italiano:** Quedan más uniformes, con una masa más firme, fácil de manipular y menos frágil en el momento del *macaronage*. El resultado es perfecto una vez se domina la receta y los *macarons* quedan más robustos.
- **Con merengue francés:** La elaboración del merengue es más sencilla, pero la masa es muchísimo más sensible para el *macaronage*, ya que es más frágil, aunque el sabor es absolutamente increíble y son más suaves que sus parientes italianos.

¿Qué debemos tener en cuenta respecto a los ingredientes de los *macarons*?

Sobre las claras de huevo, la tradición dice que hay que envejecerlas. Hay chefs que hablan de 12 horas, otros de 24 horas, otros incluso de ¡varios días! Esto tiene sentido sobre todo si los huevos son muy frescos, en cuyo caso recomendaría separar las claras de las yemas el día anterior y conservarlas en un recipiente cerrado en la nevera, ya que ayudaríamos a que la proteína alcanzase su máximo rendimiento. Pero hoy en día normalmente se usan huevos de supermercado, que no son tan frescos como los que se usaban antiguamente, por lo que, al menos según mi experiencia, este paso no sería necesario.

Por otro lado, si usamos claras pasteurizadas, es muy recomendable añadirles ½ cucharadita de albúmina para restaurar la pérdida de propiedades que sufre por el largo tiempo de conservación.

En cuanto a la harina de almendra, usaremos almendra molida muy finamente —es decir, harina de almendra propiamente dicha—, que recomiendo comprarla ya hecha porque el molido es más regular y, sobre todo, porque suele tener el punto justo de humedad. No obstante, si las trituramos en casa, usaremos almendra cruda pelada y la calentaremos entre 10 y 15 minutos a 100-110 °C para que se seque un poco y se triture mejor. Además, debemos tener cuidado de no triturar demasiado las almendras, porque nos quedaría una pasta que ya no podríamos usar para *macarons*, aunque sí para otras elaboraciones o en el desayuno.

¿Cuáles son las cosas más importantes que debemos tener en cuenta?

En primer lugar, nuestro merengue —tanto si es del tipo francés como del italiano— debe ser perfecto. Al fin y al cabo, es la base de nuestra receta y lo necesitaremos firme y estable y, en el caso del merengue italiano, a temperatura ambiente.

El segundo paso esencial es el *macaronage*. Esta es la palabra con la que se define el momento en que mezclamos nuestro merengue con el resto de los ingredientes. Si la mezcla nos queda demasiado densa, los *macarons* quedarán rugosos y toscos; y si mezclamos demasiado, quedará líquida y los *macarons*, planos, y se deformarán. Tendremos que dar con el momento exacto en el que la masa esté brillante y caiga como una cinta cuando la levantemos con la espátula.

Pero lo realmente complicado, al menos desde mi punto de vista, es el horneado. Esa es la maldición de los *macarons*: el más mínimo error puede hacer que tu masa perfecta acabe en catástrofe. En este libro indico las temperaturas y tiempos que utilizo en casa, pero lo mejor es que, cuando nos pongamos a elaborarlos por primera vez, los horneemos en varias bandejas —y no todos juntos en una sola bandeja—, de forma que, si la primera tanda no sale bien, podamos hacer ajustes en el horno hasta dar con la configuración perfecta.

Como norma general, recomiendo hornear siempre sobre bandejas de una sola capa —la misma bandeja del horno nos irá bien—, ya que usar bandejas de doble capa hace que les cueste cocerse por dentro y queden huecos. Además, usaremos una lámina de teflón encima de la bandeja; también podemos usar una lámina de silicona fina o papel, aunque con el papel tienden a deformarse más fácilmente.

Bajo nuestra lámina de teflón o silicona podemos colocar la plantilla impresa para guiarnos en el escudillado, pero debemos recordar retirarla siempre antes de hornear los dulces; de lo contrario, el folio afectará a la cocción.

Una vez horneados los *macarons*, tenemos varias opciones:

- Conservar las tapas en un lugar fresco y seco, en una caja de cartón cerrada, durante un máximo de dos meses.
- Congelarlos hasta tres meses; después hay que descongelarlos en la nevera.
- Rellenarlos y dejarlos en la nevera; en este libro los rellenaremos de *ganache*, por lo que estamos hablando de una duración de 5 a 7 días. Refrigerados absorberán humedad de la nevera y del relleno y obtendrán la textura perfecta.

En cualquier caso, tanto si han estado congelados como conservados sin rellenar, una vez rellenos y antes de comer, se recomienda rehidratar los *macarons* metiéndolos en la nevera, rellenos, durante 4-6 horas.

¿Cuáles son los principales problemas de los *macarons*?

- **Macarons que explotan:** Normalmente se debe a que el horno está demasiado caliente o a que los hemos acercado demasiado a la fuente de calor. Muchas veces veremos que solo explota una fila; esto puede deberse a que el horno tiene una zona que calienta más. La próxima vez, no escudillaremos *macarons* en esa zona de la bandeja. Si falta calor, también pueden explotar, pero de forma distinta: si el horno está demasiado caliente, primero sale el pie y luego explotan, pero si está poco caliente, no sale el pie y directamente explotan.

- *Macarons* que se pegan a la bandeja: Les falta cocción. La próxima vez los dejaremos 2 o 3 minutos más. Además, esperaremos a que se enfríen para intentar despegarlos del teflón o tapete de silicona.
- *Macarons* rugosos y toscos: Falta de *macaronage*. Nos ha quedado la masa demasiado densa.
- *Macarons* huecos: Merengue poco firme o falta de cocción.
- *Macarons* «arrugados»: Exceso de humedad en la masa o en la cocción.
- *Macarons* que se deforman: Masa demasiado líquida.
- *Macarons* con pie irregular: Si usamos el ventilador, se debe a que tiene más fuerza por un lado que por otro y entonces «tuerce» los *macarons*.
- *Macarons* sin pie: Temperatura del horno demasiado baja o falta de tiempo de secado.

Financiers de almendra y pistacho

Una de las cosas más maravillosas de los *financiers* es que permiten su elaboración tanto en tamaño *mignardise* —o sea, en forma de bocado— como en tamaños más grandes. Yo suelo usar moldes de silicona con formas variadas, pero podemos usar también moldes rígidos bien engrasados.

Financiers clásicos o de almendra

INGREDIENTES

Para 8 unidades medianas

120 g de mantequilla
150 g de azúcar glas
55 g de almendras molidas (harina de almendra)
55 g de harina
¼ de cucharadita de levadura química
Una pizca de sal
150 g de claras de huevo

PARA DECORAR

50 g de nata
100 g de chocolate con leche troceado

Comenzamos preparando la mantequilla avellana. Calentamos la mantequilla en un cazo lentamente hasta que empiece a oscurecerse y tome un bonito color dorado; la temperatura estará en torno a 130 ºC. ¡Cuidado, porque quema muchísimo!

Reservamos y colamos con una tela tipo muselina para retirar los sólidos lácteos. Dejamos que vuelva a temperatura ambiente y pesamos 90 g, que es lo que necesitaremos.

Tamizamos la harina con la levadura química y la sal. Reservamos.

En un bol, mezclamos el azúcar glas con las almendras molidas usando unas varillas. Añadimos la harina y finalmente las claras, mezclando con suavidad y lo justo para que la masa sea homogénea. Incorporamos la mantequilla de avellana. Vertemos la masa en un recipiente hermético o la cubrimos con *film* y refrigeramos 1 hora, o hasta el día siguiente.

Precalentamos el horno a 170 ºC, o a 155 ºC si es con ventilador, y engrasamos los moldes de *financiers*. Podemos usar tanto moldes metálicos como de silicona. Horneamos durante 10 minutos los *financiers* pequeños y 20 minutos los grandes.

Pasados unos 5-10 minutos, desmoldamos y dejamos enfriar por completo sobre una rejilla.

Para decorarlos preparamos la *ganache*. Vertemos la nata hirviendo sobre el chocolate y removemos hasta que emulsione.

Filmamos a piel y reservamos hasta el momento de usarla.

Financiers de pistacho

INGREDIENTES

Para 8 unidades medianas

120 g de mantequilla
150 g de azúcar glas
55 g de pistachos finamente molidos
55 g de harina
¼ de cucharadita de levadura química
Una pizca de sal
150 g de claras de huevo
1 cucharadita de pasta de pistacho

PARA DECORAR

Pasta de pistacho
50 g de pistachos picados

Elaboramos la receta del mismo modo que los *financiers* clásicos o de almendra, pero sustituyendo esta por el pistacho molido. Incorporamos la pasta de pistacho al final, cuando la masa sea homogénea, y, para decorarlos, usaremos pasta de pistacho y unos pistachos picados.

Canelés

Son absolutamente irresistibles y uno nunca olvida la primera vez que los prueba: dorados por fuera y con un interior que esconde una cremosidad suave, como si de un flan se tratara, pero aireado. Aviso: no te asustes si miras el horno durante la cocción y te parece que hay un exceso de mantequilla. Tal y como se elaboran de forma tradicional, a la vista da esa sensación —burbujean mucho—, pero después el resultado es óptimo.

INGREDIENTES

Para 8 unidades medianas

500 ml de leche entera
1 vaina de vainilla o 1 cucharadita de vainilla en pasta (5 ml)
250 g de azúcar blanco
125 g de harina
2 huevos
1 yema
50 ml de ron viejo
25 g de mantequilla

Comenzamos calentando la leche con el ron, la vaina de vainilla con sus semillas —o la vainilla en pasta— y la mantequilla. Cuando comience a hervir, apagamos el fuego, tapamos y esperamos a que vuelva a temperatura ambiente.

Por otro lado, mezclamos bien los huevos con la yema y el azúcar. Incorporamos la harina tamizada y removemos de nuevo hasta que la masa sea homogénea. Poco a poco, vamos añadiendo la leche infusionada. Si hemos usado una vaina de vainilla, debemos recordar retirarla.

Colocamos la masa en un recipiente hermético y la dejamos en la nevera 24 horas.

Pasado este tiempo, precalentamos el horno a 230 ºC. Engrasamos bien el molde usando mantequilla fundida. Pintaremos cada cavidad.

Llenamos los moldes hasta arriba y horneamos los primeros 10 minutos a 230 ºC. Después, bajamos la temperatura a 180 ºC y horneamos 50 minutos más.

Desmoldamos sobre una rejilla y esperamos a que se enfríen por completo antes de comer.

Macarons de tarta de queso

Estos *macarons*, elaborados a base de merengue italiano, llevan un irresistible relleno que nos traslada a los *cheesecakes* de estilo neoyorquino; una *ganache* de crema de queso y chocolate blanco que es el primer ejemplo en este libro de esas *ganaches* un poco más elaboradas a las que me refería en la página 128.

INGREDIENTES

PARA EL *TANT POUR TANT*
75 g de harina de almendras
75 g de azúcar glas

PARA LA PASTA DE ALMENDRAS
150 g de *tant pour tant*[6]
25 g de claras

PARA EL MERENGUE ITALIANO
25 g de claras
75 g de azúcar
25 g de agua
Colorante rosa en pasta o gel

PARA EL RELLENO
175 g de chocolate blanco
60 g de queso de untar
115 g de nata de montar 35 % mg
18 g de azúcar invertido
5 ml de vainilla en pasta
45 g de galletas digestivas trituradas
Mermelada de fresa

PARA DECORAR
Fresas liofilizadas
Chocolate blanco

Preparamos el relleno: fundimos el chocolate cuidadosamente. Lo colocamos en un bol con el queso y mezclamos con una espátula. Ponemos a calentar la nata con el azúcar invertido y la vainilla. Cuando comience a hervir, lo añadimos sobre el chocolate en tres veces. Agregamos las migas de galleta. Emulsionamos con una espátula y después usamos la batidora de inmersión para perfeccionar la emulsión. Dejamos reposar en un bol a temperatura ambiente y cubierto con *film* a piel un mínimo de 6 horas.

Preparamos una bandeja de horno con nuestra plantilla de *macarons* y encima un tapete de silicona o de teflón.

Para comenzar, trituraremos unos segundos a máxima velocidad nuestra mezcla de almendra y azúcar glas, preparando el famoso *tant pour tant*. Después, lo combinaremos con los 25 g de claras hasta tener un resultado homogéneo, y reservaremos filmado.

A continuación, haremos el merengue italiano: preparamos un almíbar con el agua y el azúcar sin remover hasta los 116-118 ºC.[7] Una vez alcance esta temperatura, lo verteremos lentamente y con cuidado sobre nuestras claras, que deben estar semimontadas. Intentemos no tocar las varillas para evitar que el almíbar salga disparado por las paredes del bol. Seguimos batiendo hasta que el merengue vuelva a temperatura ambiente y esté bien firme. Añadiremos también el colorante rosa claro en este instante.

Cuando el merengue esté listo, llega el momento del *macaronage*, es decir, lo mezclaremos con la pasta de almendras usando movimientos envolventes; tenemos que licuar un poco la masa, pero no excesivamente. Cuando esté lista, al levantar la espátula la masa caerá en cinta y estará brillante

▼

---

6   El *tant pour tant* o «tanto por tanto» es como se conoce a la mezcla a partes iguales de harina de almendra y azúcar glas.

7   Si vivimos en una zona con humedad superior al 70-75 % podemos aumentar esa temperatura hasta los 121 ºC. Si, por el contrario, el ambiente es extremadamente seco, puedes subir solo hasta 114-116 ºC. Es importante saber que, a mayor temperatura del almíbar, menor volumen de merengue (o sea, menos *macarons* resultantes) y a menor temperatura, mayor volumen de merengue (o sea, más macarons).

y, si esperamos un poco, la parte que habíamos vertido en el bol se asentará y se incorporará al resto de la masa.

La pasamos a una manga pastelera y escudillamos nuestros *macarons* con una boquilla redonda 12 de Wilton, de 8 mm. Colocaremos la manga totalmente perpendicular a la bandeja y, tras escudillar cada *macaron*, haremos un semigiro para evitar que quede una puntita. Retiramos el papel que habíamos usado como plantilla. Golpearemos dos o tres veces nuestra bandeja sobre la encimera para eliminar las burbujas y dejaremos secar hasta que las pastitas creen una «piel», normalmente entre 30 minutos y 1 hora.

Precalentamos el horno a 140 ºC con aire y hornearemos unos 12-15 minutos hasta que, al tocar la parte superior del *macaron*, notemos que no «baila» sobre la base. Si horneamos sin aire, lo haremos a 150 ºC.

Una vez horneados no moveremos los *macarons* inmediatamente de la bandeja o corremos el riesgo de que se rompan. Cuando están totalmente fríos se despegan solos.

Rellenamos los *macarons* con una boquilla redonda usando la *ganache* y dejando el centro libre para la mermelada. Ponemos luego la mermelada y decoramos con un poco de chocolate blanco fundido y la fresa liofilizada. Una vez rellenos y antes de comer, siempre se recomienda rehidratar los *macarons* metiéndolos en la nevera durante 4-6 horas.

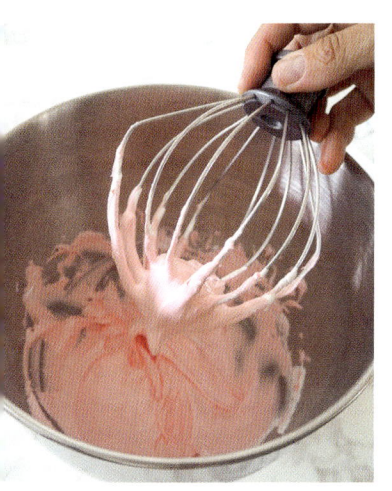

Macarons de chocolate, crema de *whisky* y plátano caramelizado

En este caso, exploraremos la receta de los *macarons* de merengue italiano, pero añadiendo cacao. El color que obtendremos es un marrón medio; si queremos que sea más oscuro podemos usar colorante marrón. Por cierto, si queremos hacer *macarons* de color negro, podemos usar esta receta, pero con cacao *extrablack* —es un tipo de cacao alcalinizado que es de color negro—, lo que permitirá reducir la cantidad de colorante de aquel color.

INGREDIENTES

PARA LA PASTA DE ALMENDRAS

60 g de almendra molida
15 g de cacao
75 g de azúcar glas
25 g de claras
Opcional: colorante marrón

PARA EL MERENGUE ITALIANO

25 g de claras
75 g de azúcar
25 g de agua

PARA EL RELLENO

100 g de chocolate con leche
35 g de nata de montar 35 % mg
27 ml de crema de *whisky*
5 g de azúcar invertido

PARA EL RELLENO DE PLÁTANO

80 g de plátano en rodajas
30 g de azúcar
85 g de nata de montar
200 g de chocolate con leche
15 g de azúcar invertido

Empezamos con la *ganache* de plátano caramelizado: preparamos un caramelo seco fundiendo el azúcar en nuestro cazo hasta que tenga un bonito color dorado. Retiramos del fuego y añadimos el plátano. Volvemos al fuego, muy bajo, y caramelizamos el plátano hasta que está bien cocinado. Luego agregamos la nata y removemos muy bien. Trituramos la mezcla con una batidora de inmersión e incorporamos el azúcar invertido. Cuando comience a hervir, lo añadimos sobre el chocolate en tres veces. Emulsionamos con una espátula y después usamos la batidora de inmersión para perfeccionar la emulsión. Dejamos reposar en un bol, a temperatura ambiente y cubierto con *film* a piel, un mínimo de 6 horas.

Preparamos también el relleno de crema de *whisky:* fundimos el chocolate cuidadosamente y reservamos. Ponemos a calentar la nata con el azúcar invertido y la crema de *whisky*. Cuando comience a hervir, lo añadimos sobre el chocolate en tres veces. Emulsionamos con una espátula y después usamos la batidora de inmersión para perfeccionar la emulsión. Dejamos reposar en un bol, a temperatura ambiente y cubierto con *film* a piel, un mínimo de 6 horas.

La elaboración de los *macarons* es exactamente igual a la de los de la receta anterior, solo que incorporaremos el cacao como parte de nuestro *tant pour tant*, es decir, trituramos el cacao, el azúcar glas y la almendra juntos en una picadora durante unos segundos para que el resultado sea lo más homogéneo y fino posible. A continuación, combinaremos con los 25 g de claras hasta obtener una mezcla homogénea y procederemos con el resto de la receta, de acuerdo a las instrucciones de la receta previa.

Rellenamos con la *ganache* de plátano, usando la manga pastelera y una boquilla 8, perfilándolos, y en el centro depositamos la *ganache* de crema de *whisky*. Una vez rellenos y antes de comer, se recomienda siempre rehidratar los *macarons* metiéndolos en la nevera durante 4-6 horas.

Macarons de avellana y manzana con canela

En esta receta exploramos el mundo de los *macarons* con otros frutos secos. En mi caso, me gusta sustituir tan solo un 50 % de la harina de almendra cuando uso otros frutos secos —pistacho, avellana, cacahuete, etc.—, ya que creo que quedan más cercanos a la textura original, pero con el extra de sabor que proporciona el fruto seco que añadimos. Además, los decoraremos con un poco de canela antes de hornearlos, para darles un toque original. Esta es una técnica que podemos usar con fruta liofilizada en polvo, especias, polvo de oro, etc.

INGREDIENTES

PARA EL TANT POUR TANT
32,5 g de almendra molida
32,5 g de avellana molida
75 g de azúcar glas
25 g de claras

PARA EL MERENGUE ITALIANO
25 g de claras
75 g de azúcar
25 g de agua
Canela en polvo para decorar

PARA EL RELLENO DE MANZANA
100 g de manzana
10 g de mantequilla
½ cucharadita de zumo de limón (2,5 ml)
40 ml de agua + 1 cucharada
15 g de azúcar
¼ de cucharada de maicena
½ cucharadita de canela (2 g)

PARA LA GANACHE DE CANELA
200 g de chocolate blanco
130 g de nata de montar 35 % mg
2 palos de canela
20 g de azúcar invertido

Empezamos por los rellenos: cortamos la manzana en dados de 1 cm, mezclamos con el zumo de limón para evitar que se oxide y colocamos en un cazo junto a la mantequilla. Calentamos hasta que esta se funda, junto con los 40 ml de agua, la canela y el azúcar. Cocemos hasta que la manzana esté blanda, pero no deshecha. En ese momento disolvemos la maicena en la cucharada de agua, lo incorporamos y cocemos hasta que espese. Retiramos y dejamos enfriar por completo antes de cubrir con film.

Para la *ganache* de canela: calentamos la nata con los dos palos de canela hasta que comience a hervir. Cocinamos 1 minuto y apagamos. Dejamos enfriar cubierto, con la canela, hasta que vuelva a temperatura ambiente y la nata esté bien infusionada. Colamos la nata y pesamos 110 g. Fundimos el chocolate cuidadosamente y lo colocamos en un bol. Ponemos a calentar la nata infusionada con el azúcar invertido y, cuando comience a hervir, lo añadimos sobre el chocolate. Emulsionamos con una espátula y después usamos la batidora de inmersión para perfeccionar la emulsión.

Dejamos reposar en un bol, a temperatura ambiente, y cubierto con film a piel, un mínimo de 6 horas.

Preparamos una bandeja de horno con nuestra plantilla de *macarons* y encima una lámina de silicona o de teflón.

La elaboración de los *macarons* es exactamente igual a la de los de la receta anterior, solo que incorporaremos la avellana molida como parte de nuestro *tant pour tant*, es decir, trituraremos la avellana, el azúcar glas y la almendra juntos en una picadora durante unos segundos para que el resultado sea lo más homogéneo y fino posible. Si no disponemos de picadora o robot, podemos tamizarlo junto dos o tres veces. A continuación, lo combinaremos con los 25 g de claras hasta obtener una mezcla homogénea, y procederemos con el resto de la receta de acuerdo a las instrucciones de la receta de los *macarons* de tarta de queso.

Rellenamos los *macarons* con una boquilla redonda usando la *ganache*, dejando el centro libre para el puré de manzana. Una vez rellenos y antes de comer, se recomienda siempre rehidratar los *macarons* metiéndolos en la nevera durante 4-6 horas.

Paso a paso

5

Macarons de pistacho y frambuesa

En esta receta seguimos explorando el mundo de los *macarons* con otros frutos secos. Los pistachos son irresistibles y, como no podía ser de otra forma, cuando se presentan en forma de *macaron* son un éxito asegurado. En esta receta practicaremos elaborando una *ganache* con puré de fruta natural como líquido caliente para la emulsión.

INGREDIENTES

PARA EL *TANT POUR TANT*
32,5 g de almendra molida
32,5 g de pistachos molidos
75 g de azúcar glas
25 g de claras

PARA EL MERENGUE ITALIANO
25 g de claras
75 g de azúcar
25 g de agua

PARA EL RELLENO
120 g de frambuesas
1 cucharada de agua
200 g de chocolate blanco
10 g de azúcar invertido

PARA DECORAR
Pistachos molidos

En un cazo, calentamos a fuego lento las frambuesas con la cucharada de agua hasta que se ablanden y se deshagan. Dejamos cocer unos minutos para que se concentre el sabor y retiramos del fuego. Mientras tanto, fundimos el chocolate cuidadosamente.

Pesamos 85 g del puré de frambuesa, agregamos el azúcar invertido y calentamos. Cuando comience a hervir lo añadimos sobre el chocolate. Emulsionamos con una espátula y después usamos la batidora de inmersión para perfeccionar la emulsión.

Dejamos reposar en un bol, a temperatura ambiente y cubierto con *film* a piel, un mínimo de 6 horas.

Preparamos una bandeja de horno con nuestra plantilla de *macarons* y encima una lámina de silicona o de teflón.

La elaboración de los *macarons* es exactamente igual a la de los de la receta anterior, solo que incorporaremos los pistachos molidos como parte de nuestro *tant pour tant*, es decir, trituraremos los pistachos, el azúcar glas y la almendra juntos en una picadora durante unos segundos para que el resultado sea lo más homogéneo y fino posible. Si no disponemos de picadora o robot, podemos tamizarlo junto dos o tres veces. A continuación, combinaremos con los 25 g de claras hasta obtener una mezcla homogénea, y procederemos con el resto de la receta de acuerdo a las instrucciones de la receta de los *macarons* de tarta de queso.

Rellenamos los *macarons* con una boquilla redonda usando la *ganache*, dejando el centro libre para la pasta de pistacho. Una vez rellenos y antes de comer, se recomienda siempre rehidratar los *macarons* metiéndolos en la nevera durante 4-6 horas.

Paso a paso

Macarons de speculoos

En esta receta exploraremos el *macaron* elaborado con merengue francés, aprovechando además para disfrutar del sabor de las galletas *speculoos*. Estas pastas muy especiadas y con sabor a caramelo son originales de los Países Bajos y Bélgica.

INGREDIENTES

PARA LA RECETA CON MERENGUE FRANCÉS

120 g de claras
100 g de harina de almendra
200 g de azúcar glas
40 g de azúcar blanco

PARA EL RELLENO

150 g de chocolate con leche
50 g de crema de *speculoos*
100 g de nata de montar 35 % mg
10 g de azúcar invertido

PARA DECORAR

Galletas *speculoos* picadas

Fundimos el chocolate cuidadosamente y agregamos la crema de *speculoos*. Ponemos a calentar la nata con el azúcar invertido. Cuando comience a hervir, lo añadimos sobre el chocolate en tres veces. Emulsionamos con una espátula y después usamos la batidora de inmersión para perfeccionar la emulsión. Dejamos reposar en un bol, a temperatura ambiente y cubierto con *film* a piel, un mínimo de 6 horas.

Preparamos la mezcla de harina de almendra y azúcar glas, la trituramos con un robot de cocina y reservamos. Montamos las claras e incorporamos el azúcar blanco poco a poco. Luego añadimos la mezcla de azúcar glas y almendra en tres partes, siempre tamizada. Cuidado, porque este merengue es muy sensible y puede quedarse líquido con mucha facilidad. Una vez tengamos la masa de *macarons* lista, los escudillamos y horneamos de acuerdo a las instrucciones de la receta de los *macarons* de tarta de queso.

Rellenamos los *macarons* con una boquilla redonda usando la *ganache*, dejando el centro libre para añadir un poquito de crema de *speculoos*. Una vez rellenos y antes de comerlos, siempre se recomienda rehidratar los *macarons* metiéndolos en la nevera durante 4-6 horas.

5

Macarons de tarta de limón

No podíamos despedir este capítulo sin preparar estos deliciosos *macarons* de tarta de limón. En ellos combinaremos una *ganache* muy especial, elaborada con zumo de limón y un poco de queso crema, con un relleno cremoso de limón que hace que se deshagan en la boca.

INGREDIENTES

PARA LA PASTA DE ALMENDRAS

75 g de almendra molida
75 g de azúcar glas
25 g de claras

PARA EL MERENGUE ITALIANO

25 g de claras
75 g de azúcar
25 g de agua
Colorante amarillo en pasta o gel

PARA EL RELLENO

200 g de chocolate blanco
100 g de zumo de limón
30 g de queso de untar
30 g de azúcar invertido
Migas de galleta *digestive*

PARA LA CREMA DE LIMÓN

1 yema
30 ml de zumo de limón
30 g de azúcar blanco (puedes ajustarlo
en función de la acidez de las frutas)
1 g de gelatina en hojas

Comenzamos con la crema de limón: hidratamos la gelatina en agua fría. Mientras tanto, batimos la yema con el azúcar. Incorporamos el zumo de limón y batimos de nuevo, hasta tener una mezcla homogénea. Luego la calentamos hasta que empiece a espesar un poco. Una vez engorde, retiramos del fuego y añadimos la gelatina. Removemos hasta que se incorpore por completo. Vertemos en un bol y dejamos enfriar cubierto con un *film* a piel.

Fundimos el chocolate cuidadosamente. Lo colocamos en un bol con el queso. Ponemos a calentar el zumo de limón con el azúcar invertido. Cuando comience a hervir, lo añadimos sobre el chocolate en tres veces. Agregamos las migas. Emulsionamos con una espátula y después usamos la batidora de inmersión para perfeccionar la emulsión.

Dejamos reposar en un bol, a temperatura ambiente, y cubierto con *film*. Cuando vuelva a temperatura ambiente, podemos refrigerar hasta el momento de usarla.

Preparamos una bandeja de horno con nuestra plantilla de *macarons* y encima una lámina de silicona o de teflón.

Elaboraremos la masa de acuerdo a las instrucciones de la receta de los *macarons* de tarta de queso, solo que incorporando colorante amarillo. Una vez los hayamos horneado y estén totalmente fríos, rellenamos los *macarons* con una boquilla redonda usando la *ganache*, dejando el centro libre para la crema de limón. Una vez rellenos y antes de comer, siempre se recomienda rehidratar los *macarons* metiéndolos en la nevera durante 4-6 horas.

Tartas
perfectas

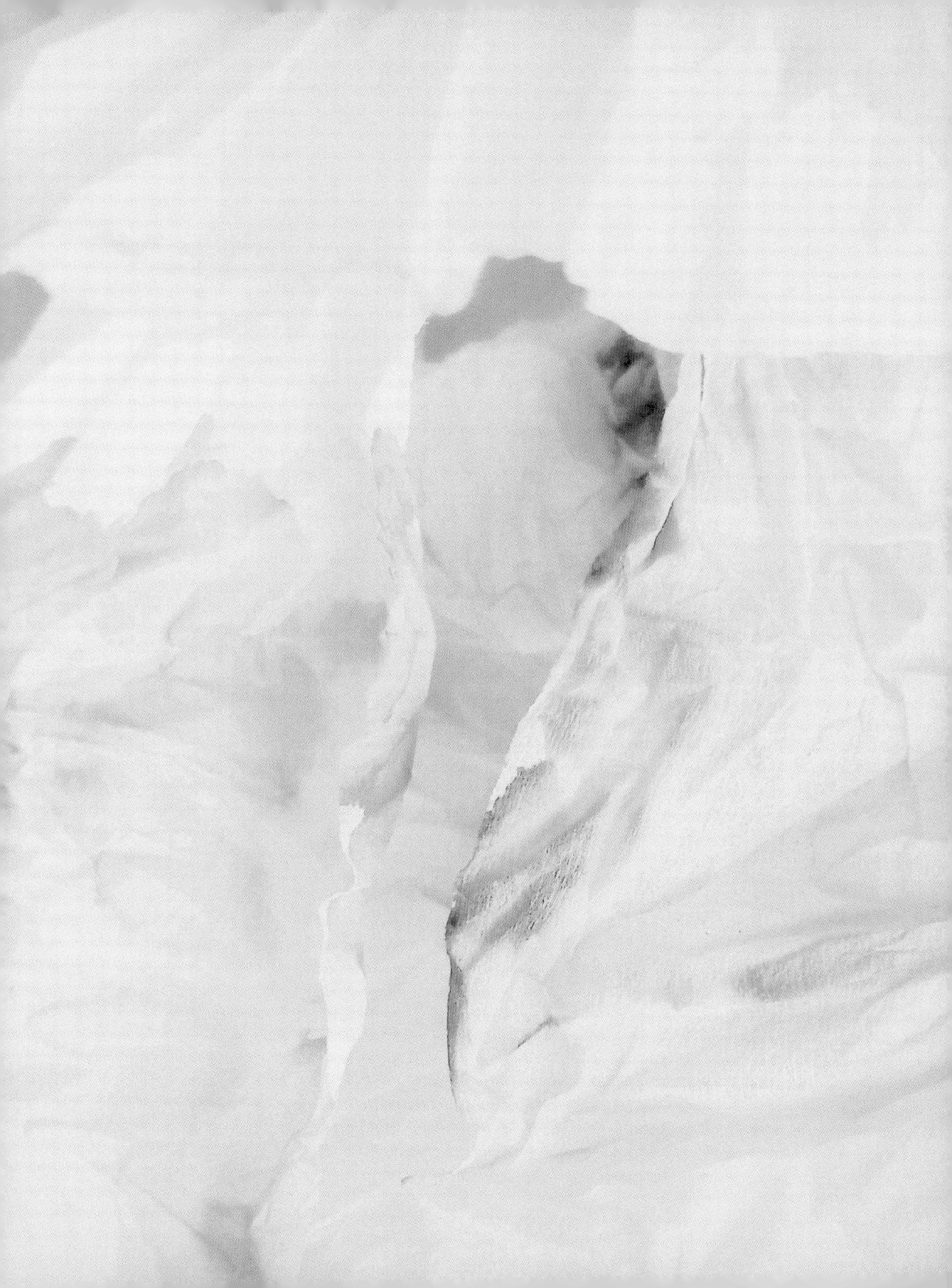

Una vez dominados los bizcochos y las cremas, entramos de lleno en una sección que es de las más bonitas y variadas de la repostería: las tartas. Ellas nos abren todo un universo de creatividad y suelen convertirse en el centro de atención allá donde las llevamos. Como es imposible resumir en un solo capítulo todas las posibilidades que ofrecen los pasteles, he puesto aparte las tartas de queso y las tartaletas, que abordaremos en los dos capítulos siguientes. En este veremos ocho tartas diferentes, en las que aprenderemos diversos estilos y niveles de dificultad, y también técnicas de decoración variadas.

Aprovecho, por cierto, para dejar por aquí varios consejos que harán que manejemos la manga como profesionales:

- Guiar la manga siempre con la mano dominante, con la que escribimos. La otra mano puede ayudarnos a controlar, pero nunca debe ser la que dirija la manga.
- La mejor forma de agarrar la manga pastelera es la siguiente: con el pulgar y el índice hacemos una pinza para evitar que la crema se escape por la abertura trasera de la manga; podemos reforzar el cierre con una pinza para bolsas. La presión la realizaremos con los tres dedos restantes, manteniendo siempre firme el cierre de nuestro pulgar e índice.
- Intentar trabajar con la crema justa dentro de la manga: si la llenamos mucho, nos costará más manejarla.
- No dudar en preparar cremas para practicar; en ese sentido, recomiendo la crema de merengue suizo, que es muy firme y podemos reutilizarla repetidamente para practicar las diferentes técnicas.

En algunas recetas, tendremos también que practicar el montaje en capas. Esta técnica es aplicable a cualquier tarta de capas que queramos preparar y nos va a facilitar mucho nuestras preparaciones. Para ello seguiremos varios pasos. Además, recomiendo tener una base giratoria y una lira para que el proceso sea mucho más sencillo. La lira es una herramienta de pastelería que consta de un hilo tenso, muchas veces un poco serrado, que nos permite cortar capas iguales de la tarta con poco esfuerzo. La base giratoria, por su parte, es muy útil para poder cubrir y decorar las tartas por todos sus lados sin esfuerzo.

El primer paso es igualar las capas del bizcocho con la misma altura o grosor usando un cuchillo de sierra o una lira. Lo haremos tanto si hemos horneado un solo bizcocho —que cortaremos en capas, como en el caso de la tarta Selva Negra— como si hemos horneado las capas por separado —como en el caso de la tarta piñata o la de muerte por chocolate—. Si usamos la lira, tendremos en cuenta tres cosas:

- Evitar que una de las patitas de la lira se salga de la mesa, ¡o cortaremos el bizcocho por la mitad, socorro!
- Cortar girando el bizcocho con respecto a la lira para evitar romperlo; funciona mejor que si la usamos a modo de sierra horizontal.
- Asegurarnos varias veces de que el hilo está ajustado a la misma altura en ambos lados; en caso contrario, la capa quedará desigual.

El siguiente paso será aplicar un poco de crema para fijar la primera capa de bizcocho a nuestro plato o base. De esta forma, cuando decoremos la tarta no se deslizará hacia los laterales. Después, rellenaremos las diferentes capas tal y como nos indique la receta. Es muy importante que, cuando apilemos las capas de bizcocho, nos fijemos en que estén todas centradas y alineadas, ya que una vez la tarta está montada es muy complicado ajustarlas.

A continuación, aplicaremos la capa «sujetamigas». Para preparar esta capa, que los americanos denominan «crumb coat», usaremos la misma crema con la que decoraremos la tarta posteriormente, pero en una capa muy fina. Al poner una fina capa de crema cubriendo toda la tarta y refrigerarla logramos dos cosas: crear una capa que evite que las migas de nuestro bizcocho manchen la crema de decoración que aplicaremos —la capa fina de crema las fija y aísla—, y darle una estructura a la tarta, lo que nos hará mucho más fácil decorarla. Este truco es fundamental para que nuestras preparaciones tengan un acabado profesional.

Una vez fría nuestra tarta con su capa «sujetamigas» podremos decorar con el resto de la crema con mucha más facilidad. Para aplicar una capa de crema uniforme doy también tres trucos:

- Al sujetar la rasqueta o espátula lo haremos a 45 grados y nunca a 90 grados con respecto a la tarta. Si la ponemos en perpendicular, arrastraremos toda la crema, «rascando» los bizcochos, y no conseguiremos alisarla.
- Ejercer una presión constante y ayudarnos del plato giratorio. Hacer movimientos largos para facilitar que se alise en menos pasadas.
- Recordemos que está hecha a mano y, como tal, puede tener ligeras imperfecciones. Muchas veces nos obsesionamos con eliminar una rayita o un huequito que tenía la crema y acabamos teniendo que empezar de nuevo. Aprendamos a parar —esto me lo tengo que repetir a mí misma siempre que hago una tarta—.

Una vez está lista, es recomendable refrigerar antes de dar los últimos toques con la manga pastelera y otras decoraciones. La refrigeración le aportará más estructura y evitaremos accidentes, y también es importante si vamos a transportar la tarta, para que haga el viaje lo más fría posible. En este sentido, si ha estado en frío, la dejaremos un par de horas fuera de la nevera antes de comerla para que esté más sabrosa; los pasteles fríos tienen menos sabor.

A continuación, exploraremos otro tipo de tarta de tendencia: la de números y letras. Este tipo de pasteles se elaboran con una base de galleta o bizcocho y permiten una personalización total. Fueron popularizados por la pastelera israelí Adi Klinghofer y son los más elegidos para cumpleaños y aniversarios. En este libro elaboraremos una tarta de corazón que sigue esta misma tendencia, pero con base de bizcocho,

ya que, en mi opinión, resulta mucho más fácil de cortar a la hora de servir —y también más sabrosa y ligera—. Para elaborarla nos valdremos de un bizcocho genovés que hornearemos en plancha y que después cortaremos a nuestro gusto con el número o letra elegidos. El reto será conseguir el punto ideal de almibarado para que no quede excesivamente húmedo, pero tampoco se seque al contacto con el aire.

Una vez dominadas las tartas de capas, aprenderemos a hacer elaboraciones más específicas: una charlota (o Carlota o Charlotte) y un bizcocho enrollado de limón.

Después, prepararemos un proyecto un poco más avanzado, un *bento cake* enrollado de avellana. Estas tartas de pequeño formato están muy de moda y se presentan en cajas de cartón pensadas para llevar. Aunque se puede usar cualquier receta, nosotros aprovecharemos para preparar uno de los bizcochos notables de la repostería francesa: el bizcocho *gioconde*. Este bizcocho, esencial para la elaboración de pasteles tan clásicos como la tarta ópera, se caracteriza por el uso de la almendra, que le aporta una densidad característica y mucha humedad. Nosotros le daremos una vuelta más, usando avellana para su elaboración, en lugar de almendra, lo que le da un matiz de sabor más intenso y en perfecta armonía con el relleno de dulce de leche. Además, aprovecharemos su flexibilidad para enrollarlo creando un efecto increíble al cortar la tarta.

Para finalizar, y después del gran trabajo realizado, nos relajaremos horneando una plancha de bizcochos de soletilla con los que podremos elaborar desde cero nuestro propio tiramisú de una forma sencilla y deliciosa.

Tarta de muerte por chocolate

Esta receta es una de las más clásicas de la repostería estadounidense y es la tarta de chocolate más deliciosa que he probado. La primera receta publicada del Devil's Food Cake data de 1902 —aparece en el libro de Sarah Tyson Rorer *Mrs. Rorer's New Cook Book*—. Originalmente se preparaba con chocolate de tableta y no cacao en polvo, pero posteriormente se desarrolló y generalizó esta versión que combina el cacao en polvo con ese toque especial que le da el agua caliente o el café para aumentar la jugosidad y potenciar el sabor a chocolate. Por otro lado, la crema es una absoluta locura: se trata de la *ganache* cremosa que ya descubrimos en la página 129, que tiene un sabor y un brillo que combinan a la perfección con la jugosidad del bizcocho. Por cierto, si quieres rebajar un poco la intensidad del chocolate negro, puedes usar la versión de chocolate con leche que hay en la misma página.

INGREDIENTES

Para 16 porciones aproximadamente

PARA EL BIZCOCHO

300 g de harina

90 g de cacao puro

1 cucharadita de bicarbonato (4,5 g)

1,5 cucharaditas de levadura química (7 g)

½ cucharadita de sal (2,2 g)

200 g de azúcar blanco

200 g de azúcar moreno

150 ml de aceite

250 ml de leche

1 cucharadita de zumo de limón (5 ml)

250 ml de café recién hecho o agua hirviendo

2 huevos camperos

1 cucharadita de vainilla en pasta o extracto (5 ml)

PARA LA CREMA

425 g de chocolate negro 54 %

400 ml de nata de montar

2 cucharadas de glucosa

200 g de mantequilla

Precalentamos el horno a 180 °C, o a 165 °C si es con aire. Engrasamos y enharinamos los moldes o los rociamos con espray desmoldante. Usaremos dos moldes de *layer cake* con una altura de 4 a 5 cm y de 22 cm de diámetro, o un molde alto de 22 cm de diámetro. Si no son desmontables, forramos la base con papel de horno.

Mezclamos la leche con el zumo de limón y dejamos reposar.

En un bol, colocamos todos los ingredientes secos. No olvidemos tamizar bien la harina con el cacao, la sal y los impulsores.

En otro bol, mezclamos el aceite con los huevos, la vainilla y la leche. Incorporamos esto a los ingredientes secos y removemos con unas varillas. Una vez la mezcla es homogénea, agregamos el agua o café caliente y removemos hasta obtener una masa lisa. Será bastante líquida y es lo que buscamos, ya que así lograremos un bizcocho muy jugoso.

Repartimos la masa entre nuestros dos moldes. Si solo usamos un molde alto, recomiendo utilizar el truco del trapo de la página 32.

Horneamos 35 minutos o hasta que los bordes del bizcocho se separen ligeramente del molde y al introducir un palillo salga limpio; será en torno a 1 hora si estamos horneando toda la masa a la vez.

Desmoldamos cuando el molde esté casi frío al tacto y dejamos enfriar por completo sobre una rejilla.

Elaboramos la crema siguiendo la receta de la página 129.

▼

Paso a paso

Igualamos los bizcochos con la lira, siguiendo los pasos de la página 208. Usamos la *ganache* cremosa para rellenar la tarta y para aplicar la capa «sujetamigas» tal y como se explica en la página 208. Una vez tengamos esa capa tan fina lista, refrigeramos la tarta en torno a 30 minutos, hasta que esté firme. Pasado este tiempo, cubrimos con el resto de la crema. Podemos dejarla con un aspecto rústico, usando la espátula, o decorar con la manga pastelera a nuestro gusto.

Tarta Selva Negra

Si hay una receta que no podemos perdernos al visitar el suroeste de Alemania es la tarta Selva Negra. Originaria de la zona del mismo nombre, es una combinación perfecta de bizcocho de chocolate, cereza, nata y *kirsch* —licor de cereza—. Se dice que surgió inspirada por la tradicional forma de servir las cerezas en conserva, acompañadas por nata y un chorrito de *kirsch*. Las primeras versiones escritas datan de los años treinta —aparece en el libro de Johannes Martin Erich Weber *250 especialidades de confitería y cómo se crean*, de 1934—, aunque alcanzó su máxima popularidad por toda Alemania en los años cincuenta, convirtiéndose en una tarta que hoy en día tiene fama mundial. Para el relleno utilizaremos cerezas en conserva alemanas, *schattenmorellen*, que se encuentran a la venta en grandes supermercados de forma bastante habitual; pero si no las encontramos, al final de la receta he sugerido algunas alternativas.

INGREDIENTES

Para 16 porciones aproximadamente

PARA EL BIZCOCHO

180 g de azúcar
150 g de harina
30 g de cacao
6 huevos
¾ de cucharadita de sal

PARA EL ALMÍBAR

100 g de azúcar
100 g de agua
50 g de *kirsch*

PARA EL RELLENO

370 g de *schattenmorellen* escurridas
(cerezas en conserva)
200 ml del almíbar de las *schattenmorellen*
40 g de maicena
30 g de azúcar

PARA DECORAR

600 g de nata de montar vegetal especial
de pastelería ya endulzada o 600 g de nata
de montar 35 % materia grasa
Estabilizante de nata (revisa las indicaciones
del paquete para ajustar la cantidad)
60 g de azúcar glas
Cerezas naturales
Virutas de chocolate negro

Engrasamos un molde alto desmontable de 22 o 23 cm de diámetro. Si no es desmontable, cubriremos la base con papel para facilitar el desmoldado. Vamos a preparar un bizcocho genovés como el que aprendimos en la página 46, pero de chocolate.

Con la batidora eléctrica, batimos con las varillas o globo a velocidad media-alta los huevos junto con el azúcar y la sal durante aproximadamente 10 minutos. Los huevos triplicarán su volumen.

Tamizamos la harina y el cacao sobre los huevos y mezclamos con mucho cuidado con una espátula, con movimientos envolventes, para que no se bajen.

Vertemos la masa en el molde y horneamos 30 a 35 minutos o hasta que al pinchar con un palillo este salga limpio. Es importante no abrir el horno antes de tiempo para que no se baje. Dejamos enfriar un poco en el molde antes de desmoldar y luego dejamos enfriar por completo en una rejilla.

Mientras se hornea podemos preparar el relleno: separaremos 100 ml del almíbar de las cerezas y lo mezclaremos con la maicena. Reservamos. Colocaremos el resto del almíbar de las cerezas junto a las cerezas y el azúcar en un cazo y calentaremos hasta que comience a hervir. En ese momento añadiremos la mezcla de maicena y removeremos bien hasta que espese. Retiramos del fuego y reservamos cubierto con *film* hasta que vuelva a temperatura ambiente.

Si no encontramos cerezas en almíbar, podemos usar cerezas frescas y seguir la receta del relleno de pastel de cerezas de la página 282.

▼

Prepararemos también el almíbar: calentaremos el agua con el azúcar hasta que comience a hervir y se disuelva el azúcar. Retiramos del fuego y añadimos el *kirsch*. Reservamos hasta que vuelva a temperatura ambiente.

Finalmente, montamos la nata vegetal con nuestras varillas hasta que esté bien firme. Si usamos nata de montar con un 35 % mg, incorporamos en primer lugar el estabilizante de nata y, cuando esté casi montada, añadimos también el azúcar glas. Reservamos.

Para preparar la tarta cortaremos el bizcocho en tres capas usando nuestra lira o un cuchillo de sierra, tal y como se indica en la página 208. A continuación, empaparemos bien cada bizcocho con el almíbar de *kirsch*. Colocaremos el primer bizcocho sobre el plato y usaremos la manga pastelera para hacer una barrera de nata que impida que se salga el relleno. Después, aplicaremos el relleno de cerezas. Encima, extenderemos una capa de nata. Cubrimos con el siguiente bizcocho y repetimos la operación. Tapamos con el último bizcocho. Aplicamos una capa fina de nata y refrigeramos media hora. Así nos será más fácil cubrir con la capa final.

Cubrimos con la nata, centrándonos en que la parte superior quede bien lisa, y aplicamos las virutas de chocolate por los laterales. Decoramos con la manga pastelera y unas cerezas.

Tarta piñata de cumpleaños

Este pastel está inspirado en la tradición de las piñatas, puesto que tiene un hueco en su interior relleno de caramelos, grageas, chocolatinas, etc., que solo se descubren al hacer el primer corte. El origen de las piñatas se suele atribuir a las celebraciones de año nuevo en China; de allí llegaron a Europa y de Europa cruzaron a México, donde, a partir del siglo XVI, se popularizaron enormemente, convirtiéndose en una tradición muy destacada y enraizada en su cultura popular. Esta práctica se ha difundido por toda Latinoamérica y también por nuestro país, donde las piñatas forman parte de las celebraciones de cumpleaños. En cuanto a la receta, elaboraremos un bizcocho cuatro cuartos con una base de aceite, que es una preparación muy jugosa y con una estructura perfecta para este tipo de tartas, y lo decoraremos con una crema de merengue suizo, que le aporta un sabor espectacular. Para emular esta tradición, vaciaremos el centro de la tarta y lo rellenaremos de caramelos o grageas antes de terminarla de decorar y presentarla como si de una tarta normal se tratara.

INGREDIENTES

Para una tarta de 15 cm de diámetro
(unas 12 porciones)

240 g de aceite de girasol
240 g de azúcar blanco
5 huevos
240 g de harina
2,5 cucharaditas de levadura química (11 g)
3 cucharaditas de vainilla (15 ml)

PARA LA CREMA

4 claras de huevo
220 g de azúcar blanco
350 g de mantequilla pomada
10 g de fresa deshidratada en polvo

PARA RELLENAR LA PIÑATA

Grageas de chocolate y cacahuete,
caramelos o *jelly beans*...
Sprinkles de colores

Precalentamos el horno a 180 °C con calor arriba y abajo, o a 165 °C si es con aire.

Engrasamos cuatro moldes de *layer cake* de 15 cm de diámetro y de 4-5 cm de alto, o dos moldes altos de 15 cm de diámetro. Si no son desmontables, cubrimos la base con papel para facilitar el desmoldado.

Para comenzar, en un bol, tamizamos la harina y la levadura química. Reservamos.

Por otro lado, en otro bol, batimos el aceite, el azúcar y los huevos hasta que estén bien integrados. Incorporamos la vainilla y los ingredientes secos y mezclamos hasta que la masa sea homogénea.

Pesamos la masa y la repartimos equitativamente entre los moldes engrasados. Horneamos 25-30 minutos a 180 °C si son cuatro moldes o en torno a 45 minutos si son dos, hasta que al introducir un palillo salga limpio.

Desmoldamos cuando el molde esté templado al tacto y dejamos enfriar por completo sobre una rejilla.

Mientras se enfrían, preparamos la crema de merengue suizo (página 138) y una vez lista añadimos la fresa deshidratada. Reservamos a temperatura ambiente hasta el momento de preparar la tarta.

Igualamos los bizcochos con la lira, siguiendo los pasos de la página 208. Si hemos usado cuatro moldes haremos cuatro capas; si hemos usado dos moldes cortaremos cada uno por la mitad para obtener también el mismo número de capas.

Usando el cortador de 9 cm, agujereamos todos los bizcochos menos uno. Usamos la crema de merengue suizo para armar la tarta tal y como se explica en la página 208, teniendo

Paso a paso

¿NECESITAS UNA TARTA MÁS GRANDE?

Al final del libro encontrarás una tabla para adaptar tus recetas al tamaño de molde que necesites.

mucho cuidado de alinear bien las dos capas agujereadas. Echamos los caramelos, grageas, *sprinkles*, etc., en el agujero y tapamos con el bizcocho que no habíamos agujereado. Aplicamos la capa «sujetamigas» y refrigeramos la tarta en torno a 30 minutos, hasta que esté firme. Pasado este tiempo, cubrimos con el resto de la crema. Para dejarla lisa es importante que repases los consejos de la página 209.

Damos los toques finales con la manga pastelera y más *sprinkles*.

1

2

3

4

5

6

Corazones de pistacho y rosas

He decidido seguir la tendencia de las tartas de números y letras, pero usando un cortador de galletas con forma de corazón. Para elaborarla, podéis usar un cortador de galletas de esa forma o de cualquier otra que os guste o convenga. Igualmente, podéis usar esta receta para preparar una tarta de letras y/o números. Para ello, imprime una plantilla del tamaño de tarta deseado, recórtala, y úsala para recortar tu plancha de bizcocho. De una plancha de bizcocho grande, podremos cortar dos veces un número o letra de un tamaño aproximado de A4, y con dos capas de bizcocho podremos formar un número. Si nuestra plantilla es más grande o si queremos preparar varios números o letras —o queremos que cada número o letra tenga más de dos capas de bizcocho—, tendremos que hornear más planchas. Debemos recordar que también tendremos que ajustar la cantidad de crema si hacemos más de una plancha de bizcocho.

INGREDIENTES

Para una plancha de bizcocho de
29 cm × 20,5 cm (tres corazones grandes)

4 huevos camperos
120 g de azúcar blanco
120 g de harina
Una pizca de sal
2 cucharaditas de aroma de rosas
1 cucharadita de vainilla en pasta o extracto

PARA EL ALMÍBAR

100 ml de agua
100 g de azúcar
2 cucharaditas de agua de rosas
(También podemos añadir vainilla o nuestro aroma favorito, especias, un licor, etc.)

PARA LA MOUSSELINE DE PISTACHO

160 ml de leche
35 g de azúcar blanco
2 yemas
16 g de maicena
35 g de mantequilla + 120 g de mantequilla
90 g de pistacho en pasta

PARA DECORAR

Macarons (receta en página 196)
Sprinkles y perlas
Flores comestibles

Precalentamos el horno a 170 ºC con calor arriba y abajo, o a 155 ºC si es con aire. Engrasamos la bandeja de horno y la cubrimos con papel.

Batimos los huevos con el azúcar y la pizca de sal hasta que estén totalmente esponjosos y hayan triplicado su volumen, entre 5 y 8 minutos. Añadimos el aroma de rosas y la vainilla y batimos otro minuto. Incorporamos la harina tamizada en 2 o 3 veces, usando movimientos envolventes. Extendemos la masa en la bandeja de horno con mucho cuidado, con una espátula, hasta lograr una capa uniforme, y horneamos entre 12-15 minutos a 170 ºC.

Desmoldamos cuando esté tibio y, una vez frío, retiramos el papel y cortamos con el cortador las diferentes capas.

Preparamos el almíbar: en un cazo colocamos el azúcar y el agua y calentamos hasta que comience a hervir. En ese momento, retiramos del fuego y añadimos el agua de rosas. Dejamos enfriar por completo.

Además, preparamos la crema muselina siguiendo las instrucciones de la (página 132) e incorporando, al final, la pasta de pistacho.

Para montar la tarta colocamos la primera capa de bizcocho y pintamos muy bien con el almíbar, asegurándonos de pintar también todos los bordes del bizcocho para evitar que se sequen.

Cubrimos con la crema muselina usando la manga pastelera y una boquilla de estrella (yo he usado la 4B). Repetimos la operación con la siguiente capa de bizcocho, incidiendo bien con el almíbar en los laterales. Finalmente, decoramos con macarons, sprinkles, etc.

Paso a paso

Charlota de fresas y chocolate blanco

La charlota es una tarta de origen francés cuya creación se atribuye al pastelero Carême a finales del siglo XVIII o principios del XIX, y que consta de unas paredes laterales formadas por bizcochos alargados que recuerdan a los bizcochos de soletilla. Nosotros, en este caso, vamos a apostar por una crema más ligera y con un suave toque a chocolate blanco que casa de maravilla con la salsa de fresas.

INGREDIENTES

Para 8-10 porciones aproximadamente

PARA EL BIZCOCHO

5 huevos, claras y yemas separadas
160 g de azúcar
160 g de harina
Azúcar glas

PARA EL ALMÍBAR

50 ml de agua
50 ml de azúcar
15 ml de licor de fresa

PARA EL RELLENO

500 g de mascarpone
350 ml de nata
de montar 35 % materia grasa
200 g de chocolate blanco

PARA LA COMPOTA DE FRESA

200 g de fresas limpias y troceadas
o frambuesas
40 g de azúcar blanco
30 ml de agua
½ cucharada de maicena

PARA DECORAR

Fresas
Flores comestibles

Para preparar el bizcocho necesitaremos dos papeles de horno. En uno pintaremos dos franjas de 9 cm de alto por 32 de largo y, en el otro, dos discos de 16 cm de diámetro.

Precalentamos el horno a 180 ºC con calor arriba y abajo, o a 160 ºC si es con aire. Montamos las claras a punto de nieve usando la batidora eléctrica de varillas. Una vez empiece a hacer espuma, incorporamos poco a poco el azúcar blanco. Cuando nuestro merengue esté firme agregamos las yemas con movimientos envolventes y, finalmente, la harina tamizada.

Usaremos la boquilla 12 para elaborar tanto los laterales de la tarta como los discos de bizcocho. Haremos franjas verticales; parecerán un montón de bizcochos de soletilla pegados unos a otros. Prepararemos también los discos, en espiral. A continuación, antes de hornear, tamizaremos azúcar glas por encima, dos capas, dándole ese toque tan característico.

Horneamos cada bandeja de horno 8 minutos. Dejamos enfriar por completo antes de despegar del papel.

Preparamos el almíbar cociendo el agua con el azúcar. Cuando empiece a hervir, retiramos del fuego y añadimos el licor de fresa. Reservamos.

Para preparar la compota, colocamos las fresas con el azúcar en un cazo y cocemos a fuego medio hasta que estén blandas y soltando sus jugos. Bajamos el fuego y mezclamos, en un bol, la maicena con el agua, hasta que no tenga grumos. Incorporamos esta mezcla a las fresas y removemos muy bien hasta que se integre. Cocemos 5 minutos más, o hasta que el líquido se haya densificado.

▼

Paso a paso

Para elaborar la crema preparamos una *ganache* de chocolate blanco usando 100 ml de nata y los 200 g de chocolate blanco troceado (tienes las instrucciones en la página 128). Una vez la tengas lista, la batiremos con el mascarpone usando nuestra batidora con unas varillas. Cuando esté perfectamente integrado, incorporaremos el resto de la nata, bien fría, y batiremos hasta que la mezcla esté bien aireada y haya ganado volumen.

Preparamos el molde de 18 cm, colocando un acetato por sus paredes para facilitar el desmoldado. A continuación, ponemos los bizcochos laterales y el disco que será la base y pintamos con el almíbar. Cubrimos con la crema de mascarpone y la mitad del relleno de fresa. Repetimos la operación con el segundo bizcocho. Con ayuda de una manga pastelera, decoraremos la parte superior usando la crema restante. El toque final consistirá en unas fresas naturales y flores comestibles.

Tarta enrollada de limón y mascarpone

Los pasteles enrollados están presentes en la repostería tradicional en muchos países. En España tenemos el brazo de gitano, relleno de nata, trufa o crema pastelera; en Hungría, el *lekváros piskótatekercs*, relleno de mermelada; en Estados Unidos e Inglaterra, los *swiss rolls*; en Filipinas, el brazo de Mercedes, etc. Sea como fuere, sin duda merecen un lugar en este libro, tanto por la técnica que requieren como por lo suculentos que resultan. Aquí prepararemos una versión muy liviana: un bizcocho aromatizado con limón y un relleno de crema ligera de mascarpone y limón.

INGREDIENTES

PARA EL BIZCOCHO

4 huevos camperos
100 g de azúcar blanco
50 g de harina común
30 g de maicena
Una pizca de sal
1 cucharadita de levadura química (4,5 g)
La ralladura de un limón

PARA EL RELLENO

170 g de mascarpone frío
300 ml de nata de montar bien fría
60 g de azúcar glas
1 cucharadita de zumo de limón (5 ml)
Ralladura fina de un limón

PARA LA CREMA DE LIMÓN

3 yemas
80 ml de zumo de limón
100 g de azúcar blanco (podemos ajustarlo en función de la acidez de las frutas)
50 g de mantequilla a temperatura ambiente

PARA DECORAR

Ralladura de limón
Flores comestibles

Comenzamos preparando la crema de limón: batimos las yemas enérgicamente con el azúcar. Incorporamos el zumo de limón y batimos de nuevo hasta tener una mezcla homogénea. Calentamos la mezcla hasta que empiece a espesar un poco. Una vez engorde, retiramos del fuego y añadimos la mantequilla. Removemos hasta que se incorpore por completo. Vertemos en un bol y dejamos enfriar cubierto con un *film* a piel.

Precalentamos el horno a 170 ºC con calor arriba y abajo, o a 155 ºC si es con aire. Engrasamos la bandeja de horno y la cubrimos con papel (yo uso una de 29 x 20,5 cm).

Mezclamos la harina con la maicena, la levadura química y la sal. Reservamos.

Batimos los huevos con el azúcar y la pizca de sal hasta que estén totalmente esponjosos y aireados y hayan triplicado su volumen, entre 5 y 8 minutos. Añadimos la ralladura de limón. Con la ayuda de un tamiz, incorporamos la mezcla de harina en 2 o 3 veces, usando movimientos envolventes.

Extendemos la masa en la bandeja de horno con mucho cuidado, con una espátula y con suavidad, hasta lograr una capa uniforme, y horneamos entre 12-15 minutos.

Nada más sacarlo del horno lo desmoldamos, quitando el papel trasero con mucho cuidado. Colocaremos el bizcocho sobre un papel de horno cubierto por una fina capa de azúcar glas y lo enrollaremos para que se enfríe enrollado. Es importante no apretar al enrollarlo, ya que podemos romperlo; lo haremos con mucha delicadeza. Para que el acabado sea perfecto, nos fijaremos en que la capa que queda visible —la que estará hacia el exterior— sea la que estaba situada inicialmente en la base; es decir, la que se horneó en contacto con el papel de horno y el molde.

▼

Paso a paso

Preparamos el relleno de mascarpone y limón: en un bol, colocamos el mascarpone con el azúcar glas y batimos con varillas hasta que se integre. Incorporamos la nata y batimos de nuevo hasta que monte. Tenemos que tener mucho cuidado de que no se corte, ya que la nata, con un exceso de batido, se convierte en mantequilla al separarse el suero de la grasa. Añadimos el zumo de limón y la ralladura con movimientos envolventes.

Desenrollamos el bizcocho y lo cubrimos con el relleno, intentando que quede una capa homogénea. Encima aplicamos la crema de limón y enrollamos de nuevo el bizcocho.

Decoramos con el resto del relleno de mascarpone, usando la manga pastelera y un poco de ralladura de limón y flores comestibles.

Bento cake de dulce de leche

Las tartas *bento* se caracterizan por su pequeño tamaño y su presentación. Sus orígenes son unas fiambreras japonesas para el almuerzo que se organizan con gran esmero y detalle. Su decoración puede ser tan complicada o simple como queramos, y, en este sentido, permite que nos lancemos a prepararlas sea cual sea nuestro nivel de dominio.

INGREDIENTES

PARA EL BIZCOCHO GIOCONDA

70 g de azúcar glas
80 g de avellana molida
2 huevos
20 g de harina
15 g de mantequilla fundida
2 claras a temperatura ambiente
30 g de azúcar blanco

PARA EL RELLENO DE DULCE DE LECHE

200 g de chocolate blanco
90 g de nata de montar 35 % mg
15 g de azúcar invertido
60 g de dulce de leche

PARA DECORAR

3 claras de huevo
180 g de azúcar blanco
20 g de mantequilla
2 cucharaditas de vainilla en pasta

Comenzamos preparando la crema de relleno: fundimos con mucho cuidado el chocolate al baño maría o en el microondas, de 30 en 30 segundos, y reservamos. Por otro lado, calentamos la nata con el azúcar invertido y el dulce de leche hasta que comience a hervir. Lo vertemos en tres partes sobre el chocolate blanco, mezclando bien con las varillas o la espátula para que emulsione. Cuando la *ganache* esté brillante y homogénea la vertemos sobre una bandeja[8] y filmamos a piel. Reservamos a temperatura ambiente para que logre la textura adecuada, que tiene que ser como la de la crema de cacao y avellanas, un poco blandita. No lo refrigeramos, ya que, de lo contrario, será difícil extenderlo después.

A continuación, preparamos el bizcocho: precalentamos el horno a 180 ºC, engrasamos una bandeja de 29 x 20,5 cm y colocamos encima papel. En el bol de nuestra batidora, con las varillas o con la batidora de varillas eléctrica, montaremos los dos huevos con el azúcar glas y la avellana molida durante 10 minutos hasta que doblen su volumen. En ese momento, usando una espátula, incorporaremos la harina tamizada y, después, la mantequilla fundida, siempre con movimientos envolventes. Reservamos.

Por otro lado, montamos las claras a punto de nieve, también con varillas, y cuando empiecen a hacer espuma incorporamos el azúcar blanco poco a poco. Cuando tengamos las claras montadas, las añadimos con ayuda de una espátula a la masa anterior, siempre con movimientos envolventes, hasta tener una masa homogénea.

Extendemos la masa sobre nuestra bandeja usando una espátula y horneamos 10-12 minutos hasta que al pinchar salga limpio.

▼

---

8 Cuando colocamos nuestra preparación en una bandeja, se enfría más rápidamente a temperatura ambiente. Debemos tener cuidado si metemos esta *ganache* a la nevera, ya que se podría endurecer de más.

Paso a paso

Volcamos el bizcocho sobre una rejilla, retiramos el papel y lo dejamos enfriar por completo.

Preparamos un merengue suizo siguiendo las instrucciones de la página 138, pero con los ingredientes aquí detallados. Una vez conseguido un merengue suizo firme y brillante, añadimos la mantequilla a temperatura ambiente, poco a poco, hasta obtener una crema sedosa. Agregamos la vainilla en pasta.

Separaremos un tercio de la crema para teñir con los colores que nos gusten y decorar la tarta una vez cubierta. El resto lo teñiremos con el color que queramos para nuestra tarta.

Extenderemos por encima del bizcocho la *ganache* de chocolate blanco y refrigeramos 10 minutos para que se asiente. Después, cortamos tiras iguales de nuestro bizcocho, de 6 a 8 cm de ancho (la anchura de las tiras será posteriormente la altura de la tarta). Enrollaremos cada una encima de la otra, haciendo una espiral, hasta lograr tener una minitarta de unos 12 cm de diámetro.

La cubrimos con nuestra crema de merengue suizo, aplicando en primer lugar la crema «sujetamigas» y después una capa más gruesa de crema, para que quede bien lisa, tal y como se indica en el paso a paso de la página 209. Después, procedemos a decorar la tarta usando la manga pastelera. Antes de meterla en la cajita, la refrigeraremos al menos 2 horas para evitar que se dañe la crema.

Tiramisú

El tiramisú es uno de esos postres eternos que, cuando está elaborado con mimo, resulta irresistible. Si no nos gusta el café, lo podemos sustituir por crema de *whisky* o crema de orujo en el almíbar, ¡verás qué delicia! En este caso, emplearemos una pasta bomba para cocinar las yemas y eliminar el riesgo si están crudas.

INGREDIENTES

Para 8 personas

PARA EL BIZCOCHO
90 g de claras de huevo
(3 claras aproximadamente)
95 g de azúcar
90 g de yemas (3 aproximadamente)
90 g de harina
Azúcar glas

PARA LA CREMA
4 yemas de huevo
60 ml de agua
180 g de azúcar
400 g de mascarpone
250 ml de nata de montar 35 % mg

PARA EL ALMÍBAR
100 ml de agua
100 g de azúcar blanco
50 ml de café *espresso*
25 ml de licor de café (opcional)

Elaboramos el bizcocho como el de la charlota de la página 226, pero con los ingredientes indicados. Marcaremos el tamaño de nuestro molde en dos papeles de horno y lo usaremos como guía para escudillar nuestros bastones (yo he usado una fuente de cerámica de 25 x 15 cm).

Horneamos cada bandeja 8 minutos. Dejamos enfriar por completo antes de despegar del papel.

Para preparar el almíbar calentamos el agua con el azúcar hasta que comience a hervir y se disuelva el azúcar. Incorporamos el café y el licor, si lo vamos a usar, y reservamos.

Para preparar la crema elaboramos una pasta bomba. Colocamos las yemas en el bol de la batidora y comenzamos a batir a velocidad media-alta con las varillas. Mientras tanto, calentamos el azúcar con el agua en un cazo, hasta que alcance los 118-120 °C. Una vez llega a esta temperatura, lo echamos poco a poco, en un hilo, sobre las yemas. Seguimos batiendo unos 10 minutos o hasta que la mezcla esté a temperatura ambiente.

Cuando lo esté, comenzaremos a batir el queso mascarpone con la nata hasta que queden bien esponjosos e incorporaremos, en tres partes y usando movimientos envolventes, nuestra pasta bomba.

Reservamos.

Montamos nuestra tarta: en la base colocamos el bizcocho, encima empapamos bien con el almíbar, luego ponemos una capa de crema y así sucesivamente hasta llenar el molde.

Decoramos con cacao en polvo.

Tartas
de queso

El mundo de las tartas de queso es uno de mis favoritos, y creo que son garantía de éxito siempre que se preparan. En 2016 publiqué el libro *Objetivo cheesecake perfecto*, dedicado a este tipo de preparaciones, y, ocho años más tarde, siguen estando tan de moda como entonces, o más.

En primer lugar, abordaremos las tartas de queso al horno al estilo estadounidense, los clásicos *cheesecakes*, que hornearemos al baño maría para lograr una cocción perfecta y uniforme y una cremosidad increíble. Tal y como explicaba en la página 26, el baño maría garantiza que el calor no llegue de forma tan intensa a nuestra preparación, y en este caso, además, genera una humedad dentro del horno que es perfecta para evitar que se reseque el postre.

En todas las tartas de queso que hagamos al horno, salvo en las de estilo japonés, será esencial además batir sin incorporar aire a la masa, ya que todo el que metamos después querrá salir en el horneado, lo que agrietaría la preparación. Evitaremos, por tanto, usar las varillas, y batiremos siempre a la mínima velocidad posible. Huiremos también de los cambios bruscos de temperatura que producen grietas en el enfriado: una vez horneados, dejaremos un rato los *cheesecake*s dentro del baño maría.

A continuación, prepararemos dos tipos de tarta que están muy de moda en los que, por cierto, tampoco querremos incorporar aire durante la preparación, por lo que usaremos el procesador de alimentos o la batidora de inmersión. En primer lugar, haremos una de las tartas de queso más icónicas a nivel mundial: la tarta de queso al estilo La Viña. Quemada por fuera y cremosa en su interior, nos sorprenderá porque, frente a la cocción suave y controlada que nos requiere el *cheesecake al estilo estadounidense*, aquí apostaremos por un horno fuerte que dore la tarta por fuera cuando aún está cremosa por dentro. En la misma línea, pero con una cocción más corta y un horno más controlado, haremos una tarta cremosa de queso Idiazábal. Esta elaboración de rabiosa actualidad es un postre obligado en los restaurantes de moda.

La siguiente receta que realizaremos es un *cheesecake* japonés, una de las tartas de queso más virales en Internet. Al contrario que las tartas anteriores, en las que buscábamos una textura cremosa y densa, nos encontramos con un tipo de preparación que es puro aire. ¿Recuerdas cuando preparamos el *chiffon cake* en el primer capítulo?, ¿su esponjosidad? En este *cheesecake* obtendremos una textura similar, pero con un extra: al estar hecho de queso y no de bizcocho, cada bocado se deshará en nuestra boca con una suavidad única. Aquí nuestra misión será lograr que el aire se mantenga durante la elaboración de la masa, con los famosos movimientos envolventes.

Finalmente, nos enfrentaremos a las tartas de queso sin horneado. En este tipo de elaboraciones nos valemos del frío y de la gelatina o agar agar para obtener la consistencia correcta. Lo bueno de este tipo de tartas es que son muy sencillas de preparar, no requieren horno y, además, permiten una personalización muy amplia: cuando empieces, no podrás parar.

Cheesecake estilo neoyorquino

El origen del *cheesecake* neoyorquino, cremoso y con una base de *crackers* y un toque de vainilla y limón, se atribuye a Arnold Reuben, que habría desarrollado la receta en los años veinte en Manhattan como parte del menú de su restaurante Reuben's Restaurant and Delicatessen. Desde entonces, hay cientos de versiones de este postre, pero todas buscan lo mismo: un *cheesecake* espectacular que se deshaga en la boca y que se sirva solo o acompañado de una salsa de fresas o frutos rojos en su versión más clásica. Es, además, la base para innumerables sabores y combinaciones que hoy se preparan en forma de *cheesecake*.

INGREDIENTES

Para 8-12 porciones

PARA LA BASE

250 g de galletas *digestive*
(o, mejor aún, *crackers*)
125 g de mantequilla

PARA EL RELLENO

900 g de queso de untar
160 g de azúcar
2 cucharadas de harina
4 huevos camperos
160 ml de nata de montar
1 cucharadita de vainilla en pasta
1 cucharadita de zumo de limón
Ralladura de limón

PARA DECORAR

400 g de frutos rojos variados,
frescos o congelados
80 g de azúcar blanco
60 ml de agua
1 cucharada de maicena

Precalentamos el horno a 180 ºC, o a 160 ºC si es con aire, aunque desaconsejo encarecidamente el uso de aire para hornear *cheesecakes*. Engrasamos el molde de 20 cm de alto con espray desmoldante. Ponemos un papel en la base si no es desmontable. Trituramos las galletas hasta que parezcan pan rallado. Las mezclamos con la mantequilla fundida y las usamos para cubrir la base y los laterales hasta, al menos, unos 2,5 o 3 cm de altura. Horneamos durante 10 minutos y dejamos enfriar por completo.

Mientras se enfría la base, preparamos el relleno. Mezclamos la nata con el zumo de limón y dejamos reposar —si encontramos *sour cream*, nata agria, podemos usarla para sustituir la mezcla de nata y zumo de limón—. Batimos el queso a la mínima velocidad con la ralladura de limón, el azúcar y la harina hasta que el resultado sea homogéneo. Usaremos siempre la pala de nuestra batidora (K) o una espátula. También podemos usar un robot de cocina o picadora para esta elaboración. Incorporamos la vainilla y los huevos, uno a uno. Finalmente, añadimos la nata —parecerá que esté cortada— y mezclamos de nuevo para lograr homogeneidad. Sacamos la base de la nevera y la rellenamos con esta mezcla.

Bajamos el horno a 160-165 ºC, o a 140 ºC si es con aire, aunque lo desaconsejo para hornear los *cheesecakes*. Colocaremos el molde —bien forrado para evitar fugas de agua; yo uso una bolsa de las que se usan para las ollas de cocción lenta— en otro molde más grande y lo llenaremos unos 3 dedos de ancho con agua hirviendo. Hornearemos en torno a 1 h y 30 o 45 minutos, o hasta que veamos que está asentado por toda su superficie, pero aún se mueve al agitar el molde. En mi caso, me gusta dejarlo blanquito, pero podemos dejarlo dorar si lo preferimos. Dejaremos enfriar sin sacar del baño maría durante unos 45 minutos más. Después dejamos enfriar por completo en una rejilla y pasamos a la nevera durante, al menos, 6 horas o, como manda la tradición, ¡dos días!

Para preparar la salsa, colocamos los frutos rojos con 40 ml de agua y el azúcar en un cazo y cocemos a fuego medio hasta que comience a hervir. Si los frutos rojos son congelados, es mejor dejarlos descongelar previamente sobre un colador para evitar un exceso de agua. Bajamos el fuego y mezclamos, en un bol, la maicena con el resto del agua, hasta que no tenga grumos. Lo incorporamos a las fresas y removemos muy bien hasta que se integre. Cocemos 5 minutos más, o hasta que el líquido se haya densificado.

Cheesecake de calabaza especiada

En este *cheesecake* combinaremos el dulzor de la calabaza con uno de los sabores más de moda recientemente: el de las galletas *speculoos*. Para decorarlo, usaremos una *ganache* de este sabor, pero también podríamos usar la crema de queso al estilo americano que hay en la página 136.

INGREDIENTES

Para 8-12 porciones

PARA LA BASE

140 g de *speculoos* picadas
60 g de mantequilla
1 cucharadita de *pumpkin pie spices*[9]

PARA EL RELLENO

550 g de queso de untar
250 g de puré de calabaza
60 g de panela
50 ml de sirope de arce
3 huevos
¾ de cucharadita de *pumpkin pie spices*

PARA DECORAR

150 g de chocolate con leche
50 g de crema de galletas tipo *speculoos*
100 g de nata de montar 35 % mg
10 g de azúcar invertido (opcional)

Precalentamos el horno a 180 ºC, o a 160 ºC (si es con aire), y engrasamos el molde de 18 a 20 cm de alto con espray desmoldante.

En primer lugar, trituramos las galletas hasta que parezcan pan rallado. Las mezclamos con la mantequilla y la mezcla de especias y lo usamos para cubrir la base.

Horneamos durante 10 minutos y dejamos enfriar por completo.

Mientras se enfría la base, preparamos el relleno. Batimos el queso con el puré de calabaza, la panela, el sirope de arce y las especias hasta que la mezcla sea homogénea. Usaremos la pala de nuestra batidora (K) o una espátula para evitar que entre aire. También podemos usar un robot de cocina o picadora para esta elaboración.

Incorporamos los huevos, uno a uno y removemos de nuevo para lograr homogeneidad. Sacamos la base de la nevera y la rellenamos con esta mezcla.

Ajustamos el horno a 165 ºC, o a 140 ºC (si es con aire), aunque desaconsejo encarecidamente su uso para hornear los *cheesecakes*. Colocaremos el molde —bien forrado para evitar fugas de agua; yo uso una bolsa de las que se usan para las ollas de cocción lenta— en otro molde más grande y lo llenaremos unos 3 dedos de ancho con agua hirviendo. Hornearemos en torno a 1 h y 30 o 45 minutos o hasta que veamos que está asentado por toda su superficie, pero aún se mueve al agitar el molde. En mi caso, me gusta dejarlo blanquito, pero podemos dejarlo dorar si así lo preferimos. Dejaremos enfriar sin sacar del baño maría durante unos 45 minutos más. Después, dejamos enfriar por completo en una rejilla y pasamos a la nevera durante, al menos, 6 horas, o, como manda la tradición, ¡dos días!

▼

9   En la página 170 te explico cómo hacer esta mezcla de especias en casa.

Paso a paso

Fundimos el chocolate cuidadosamente y agregamos la crema de *speculoos*. Ponemos a calentar la nata con el azúcar invertido. Cuando comience a hervir lo añadimos sobre el chocolate en tres veces. Emulsionamos con una espátula y después usamos la batidora de inmersión para perfeccionar la emulsión. Dejamos reposar en un bol, a temperatura ambiente y cubierto con *film* a piel, un mínimo de 6 horas.

Decoramos con la *ganache* y algunas galletas *speculoos*, picadas.

Cheesecake de Banana Split

El Banana Split, un postre con plátano cortado por la mitad a lo largo, tres bolas de helado, nata, sirope de chocolate y con alguna cereza que otra, aparece a principios del siglo xx en Estados Unidos y existen varias leyendas en torno a su inventor y ciudad de origen. En cualquier caso, fue la cadena de tiendas Walgreens la que lo popularizó cuando empezó a servirlo como su postre estrella. En esta ocasión, prepararemos una tarta de queso inspirada precisamente en este delicioso dulce.

INGREDIENTES

Para 8-12 porciones

PARA LA BASE
150 g de galletas digestivas
75 g de mantequilla

PARA EL RELLENO
350 g de plátano
3 huevos
600 g de queso crema
100 g de azúcar
Dos puñados de *chips* de chocolate negro

PARA LA GANACHE
60 g de chocolate negro 54 %
60 ml de nata 35 % mg
10 ml de azúcar invertido (opcional)

PARA DECORAR
200 ml de nata de montar 35 % mg
30 g de azúcar glas
Cerezas al marrasquino
Sprinkles

¿Y SI NO ME ATREVO A HORNEAR AL BAÑO MARÍA?

En estas recetas podemos hacer un truco: horneamos durante 15 minutos a 180 °C, después bajamos la temperatura a 120 °C, y seguimos horneando al menos 60-70 minutos, o hasta que toda la superficie haya cuajado y solo quede el centro un poco húmedo. Dejamos enfriar dentro del horno y, cuando esté a temperatura ambiente, lo metemos en la nevera durante, al menos 6 horas o, mejor aún, toda la noche.

Precalentamos el horno a 180 °C, o a 160 °C si es con aire, y engrasamos el molde de 18 a 20 cm de alto con espray desmoldante.

En primer lugar, trituramos las galletas hasta que parezcan pan rallado. Las mezclamos con la mantequilla y lo usamos para cubrir la base. Horneamos durante 10 minutos y dejamos enfriar por completo.

Mientras se enfría, preparamos el relleno. Machacamos bien los plátanos. Incorporamos el queso y mezclamos hasta que esté perfectamente integrado. Añadimos el azúcar y seguimos batiendo a la mínima velocidad con la pala (K) o una espátula hasta que el resultado sea homogéneo. También podemos usar un robot de cocina o picadora para esta elaboración.

Incorporamos los huevos, uno a uno. Finalmente, añadimos los *chips* y removemos de nuevo para lograr homogeneidad. Sacamos la base de la nevera y la rellenamos con esta mezcla.

Ajustamos el horno a 165 °C, o a 140 °C si es con aire, aunque desaconsejo encarecidamente el uso de aire para hornear los *cheesecakes*. Colocaremos nuestro molde —bien forrado para evitar fugas de agua; yo uso una bolsa de las que se usan para las ollas de cocción lenta— en otro molde más grande y lo llenaremos unos 3 dedos de ancho con agua hirviendo. Hornearemos en torno a 1 h y 30 o 45 minutos, o hasta que veamos que está asentado por toda su superficie, pero aún se mueve al agitar el molde. En mi caso, me gusta dejarlo blanquito, pero podemos dejarlo dorar si así lo preferimos. Dejaremos enfriar sin sacar del baño maría durante unos 45 minutos más. Después dejamos enfriar por completo en una rejilla y pasamos a la nevera durante, al menos, 6 horas o, como manda la tradición, ¡dos días!

Elaboramos la *ganache* según la receta de la página 128. Montamos la nata usando las varillas. Añadimos el azúcar glas cuando esté casi montada. Desmoldamos la tarta, la cubrimos con una capa de ganache usando un biberón y decoramos con la nata, los *sprinkles* y una cereza natural o al marrasquino.

Tarta de queso estilo La Viña

La tarta de queso más icónica de nuestro país es, sin duda, la que se elabora en La Viña, en San Sebastián, desde los años noventa. Conocida a nivel mundial como la «tarta de queso vasca», tiene una receta suave, sin base de galleta, bien dorada por su exterior, pero, a la vez, muy cremosa en su interior. Requiere un kilo de queso para su elaboración, pero merece la pena cada gramo empleado.

INGREDIENTES

Para un molde desmontable de 23 cm
(12 porciones)

1 kilo de queso de untar
a temperatura ambiente
500 ml de nata 35 % mg
a temperatura ambiente
7 huevos camperos
400 g de azúcar
1 cucharada de harina

Precalentamos el horno a 210 °C con calor arriba y abajo, o a 195 °C si es con aire, aunque desaconsejo encarecidamente el uso de aire para hornear las tartas de queso. Humedecemos el papel de horno y lo ajustamos al máximo al molde.

Con nuestro procesador de alimentos, usando las cuchillas, o con una batidora de inmersión, mezclamos todos los ingredientes. Se trata de que nos quede una mezcla homogénea y sin aire en su interior.

Horneamos 40-50 minutos o hasta que esté bien dorada por la superficie, pero que «baile» si movemos el molde. Si ves que está lista, pero que tu horno no dora lo suficiente, puedes añadir 5 o 10 minutos de *grill*.

Apagamos el horno, abrimos un poco la puerta y dejamos templar la tarta dentro. Una vez esté a temperatura ambiente, desmoldamos y servimos.

Paso a paso

Tarta de queso japonesa

Esta tarta de moda tiene su origen en la receta desarrollada por el chef japonés Tomotaro Kuzuno en los años sesenta. Tras haber probado las recetas alemanas de tarta de queso, Kuzuno decidió aligerarlas con la introducción de aire, montando las claras a punto de nieve antes de incorporarlas a la masa.

INGREDIENTES

Para 8-12 porciones

300 g de queso crema
50 g de mantequilla
100 ml de leche
6 huevos
60 g de harina
30 g de maicena
150 g de azúcar
1 cucharadita de vainilla en pasta
o extracto (5 ml)

Precalentamos el horno a 160 ºC con calor arriba y abajo.

Para empezar, engrasamos un molde alto de 18 a 20 cm de diámetro y forramos su base y laterales con papel de horno. Esto nos ayudará a desmoldar la tarta y también contendrá su crecimiento. Esta tarta se hornea al baño maría, así que es importante que después lo forremos bien por fuera con una bolsa de las que se usan para las ollas de cocción lenta o que lo metamos dentro de otro molde ligeramente mayor para evitar que le entre agua. La alternativa es usar un molde no desmontable, pero entonces, para desmoldar, la tarta deberá estar perfectamente firme y asentada.

Separamos las claras de las yemas. Reservamos.

Calentamos a fuego lento el queso con la mantequilla y la leche y removemos hasta que se funda la mantequilla y la mezcla sea homogénea. Retiramos del fuego e incorporamos la maicena, tamizada con la harina, y las seis yemas. Batimos enérgicamente con unas varillas hasta lograr una mezcla homogénea. Reservamos.

Por otro lado, en un bol limpio y libre de grasa, montamos las 6 claras. Cuando empiecen a blanquear, incorporamos poco a poco el azúcar hasta obtener un merengue bien brillante. Añadimos la vainilla y batimos hasta lograr un merengue de picos blandos.

Agregamos este merengue en tres veces a nuestra mezcla de yemas, utilizando una lengua de silicona y removiendo de forma envolvente para evitar que se bajen las claras.

Colocaremos el molde bien forrado en otro molde más grande y lo llenaremos unos 3 dedos de ancho con agua hirviendo. Hornearemos en torno a 55 minutos o hasta que veamos que está asentado por toda su superficie, pero aún se mueve al agitar el molde. Dejaremos enfriar sin sacar del baño maría durante unos 30 minutos más. Después dejamos enfriar por completo en una rejilla antes de desmoldar.

Tarta de queso cremosa de Idiazábal

El queso Idiazábal es uno de los tesoros de la gastronomía de nuestro país; una denominación de origen protegida que se produce en el País Vasco y Navarra y que se elabora con leche cruda de oveja *latxa*. Existen dos variedades: ahumado y sin ahumar, y para esta tarta yo uso el que no está ahumado, que, sin duda, le aporta un sabor inconfundible al postre. Para la base haremos nuestra propia masa de galleta con un toque de almendra.

INGREDIENTES

Para un molde de 20-22 cm de diámetro

PARA LA BASE

75 g de harina
75 g de harina de almendra
(almendra molida)
75 g de mantequilla
50 g de azúcar
Una pizca de sal

PARA EL RELLENO

900 g de queso de untar
100 g de queso Idiazábal
200 g de azúcar blanco
350 ml de nata de montar 35 % mg
4 huevos camperos
15 g de harina común

Engrasamos el molde desmontable y precalentamos el horno a 210 °C con calor arriba y abajo, o a 195 °C si es con aire, aunque desaconsejo encarecidamente el uso de aire para hornear las tartas de queso.

En primer lugar, mezclamos todos los ingredientes de la base hasta tener una masa homogénea. La extendemos y la usamos para cubrir la base del molde. Metemos en la nevera hasta que se endurezca.

A continuación, rallamos muy finamente el queso Idiazábal. Lo colocamos junto al resto de los ingredientes en el procesador de alimentos, usando las cuchillas, o una batidora de inmersión, y mezclamos muy bien. Se trata de que nos quede una masa homogénea y sin aire en su interior.

Horneamos 30 minutos o hasta que esté bien dorada por la superficie, pero «baile» si movemos el molde. Si ves que está listo, pero que tu horno no dora lo suficiente, puedes añadir 5 o 10 minutos de *grill*.

Apagamos el horno, abrimos un poco la puerta y dejamos que la tarta se temple dentro. Una vez esté a temperatura ambiente, desmoldamos y servimos.

Tarta de queso, chocolate blanco y mango

Las tartas de queso sin horneado son todo un mundo aparte. Con sus recetas, trabajaremos rellenos en frío que nos aportarán una gran cremosidad y un sabor mucho más fresco y suave que el de las tartas horneadas. Aquí no usaremos gelatina, de forma que la firmeza la lograremos con el frío y el uso del chocolate blanco; por eso es esencial que lo dejemos en el frigorífico al menos 6 horas antes de comer.

INGREDIENTES

Para 8-12 porciones

PARA LA BASE DE LA TARTA
275 g de galletas digestivas
130 g de mantequilla fundida

PARA EL RELLENO
400 g de queso de untar
50 g de azúcar
520 ml de nata de montar
200 g de chocolate blanco

PARA DECORAR
180 g de pulpa de mango
25 g de azúcar blanco
120 g de agua
Rodajas de mango para decorar
Flores comestibles

Engrasamos nuestro molde desmontable de 18 a 20 cm de diámetro.

En primer lugar, trituramos las galletas hasta que parezcan pan rallado. Las mezclamos con la mantequilla y las usamos para cubrir la base y las paredes del molde. Metemos en la nevera hasta que se endurezca.

Fundimos el chocolate blanco y lo colocamos en un bol resistente al calor. Ponemos 100 ml de nata a calentar y cuando comience a hervir, la vertemos sobre el chocolate. Removemos hasta que la mezcla sea homogénea y la emulsión sea perfecta, obteniendo una *ganache* brillante. Filmamos a piel y dejamos volver a temperatura ambiente.

Por otro lado, colocamos el queso y el azúcar en el bol de nuestra batidora y batimos hasta que la mezcla sea homogénea. Cuando así sea, incorporamos la *ganache* de chocolate blanco.

Finalmente montamos el resto de la nata con las varillas hasta que esté firme. Integramos en la mezcla anterior usando movimientos envolventes. Cuando tengamos un resultado homogéneo y todo se haya incorporado bien, lo pasamos al molde que habíamos preparado previamente. Refrigeramos 4 horas o hasta que esté firme.

Mientras tanto, mezclamos la pulpa de mango con la mitad del agua. Reservamos.

Calentamos el resto del agua con el azúcar. Cuando comience a hervir y se haya disuelto el azúcar, retiramos del fuego. Mezclamos con el mango y conservamos.

Una vez esté bien firme, desmoldamos la tarta de queso y decoramos con la salsa de mango y un poco de mango natural y flores comestibles.

Tarta de queso y crema de cacao y avellanas sin horneado

Esta es una de las tartas de queso sin horneado más deliciosas que se pueden preparar. Nos valdremos de la gelatina para aportar firmeza y que sea más fácil el desmoldado. Además, esta misma receta puede elaborarse también con crema de *speculoos* o cualquier pasta de frutos secos, como pistachos o avellanas.

INGREDIENTES

Para 8-12 porciones

PARA LA BASE DE LA TARTA
275 g de galletas de chocolate rellenas
130 g de mantequilla fundida

PARA EL RELLENO
500 g de queso de untar
500 ml de nata para montar
205 g de crema de cacao y avellanas
4 hojas de gelatina
60 g de azúcar

PARA DECORAR
200 g de chocolate con leche
100 ml de nata de montar
1 cucharada de glucosa
75 g de mantequilla

Engrasamos nuestro molde desmontable.

En primer lugar, trituramos las galletas hasta que parezcan pan rallado. Las mezclamos con la mantequilla y las usamos para cubrir la base y las paredes del molde. Metemos en la nevera hasta que se endurezca.

Colocamos la gelatina en un bol con agua fría para hidratarla.

Calentamos 60 ml de nata en un cacito y cuando comience a hervir retiramos del fuego e incorporamos la gelatina hidratada. Removemos bien para que se deshaga por completo y reservamos.

Por otro lado, colocamos la crema de cacao y avellanas con el queso y el azúcar en el bol de nuestra batidora y batimos hasta que la mezcla sea homogénea. Cuando así sea, incorporamos la nata que habíamos mezclado con la gelatina.

Finalmente montamos el resto de nuestra nata con las varillas hasta que esté firme. Integramos en la mezcla anterior usando movimientos envolventes. Cuando tengamos una mezcla homogénea y todo se haya incorporado bien, lo pasamos al molde que habíamos preparado previamente. Refrigeramos 4 horas o hasta que esté firme.

Para preparar la crema de decoración, troceamos el chocolate y lo colocamos en un bol resistente al calor. Ponemos la nata a calentar con la glucosa y cuando comience a hervir, la vertemos sobre el chocolate. Removemos hasta que la mezcla sea homogénea. Incorporamos la mantequilla y removemos muy bien. Filmamos a piel y dejamos que vuelva a temperatura ambiente y tenga la textura adecuada.

Desmoldamos nuestra tarta y decoramos usando la manga pastelera.

¿PROBLEMAS DESMOLDANDO TUS TARTAS DE QUESO SIN HORNEADO?

Aplica un poco de calor con un soplete por las paredes del molde para que la base de galleta se despegue ligeramente y puedas sacar la tarta sin problema.

Tartaletas y pasteles para enamorar

En este capítulo trataremos dos de mis categorías favoritas en repostería: las tartaletas y los pasteles tipo *pies*.

En primer lugar, con los *pies* aprenderemos a preparar la «masa quebrada», también conocida como «masa brisa». Este tipo de masa es muy sencilla de elaborar y se hace con harina, agua, mantequilla, una pizca de sal y, a veces, un poco de azúcar. Es la base de los pasteles al más puro estilo anglosajón y permite tanto un relleno dulce como salado. Su característica principal es que al morderla se desmiga en la boca, dejando todo el protagonismo al relleno.

La clave para una masa quebrada exitosa radica en varios factores:

- **Amasar lo justo:** ¿Recuerdas cuando hablábamos del gluten y el amasado en el capítulo «Bizcochos»? ¡Aquí también juega un papel importante! Cuando amasamos, generamos gluten y, precisamente, lo último que queremos en nuestra masa quebrada es que desarrolle mucho gluten, ya que dejaría de deshacerse en la boca. Por este motivo amasaremos lo mínimo posible.
- **El frío:** Elaboraremos nuestra masa con todos los ingredientes fríos, de forma que la mantequilla fría rodee la harina y evite que se genere un exceso de gluten. Si se calienta la masa durante la preparación, dejará de tener esa característica quebradiza y quedará compacta y pesada.
- **El reposo:** Dejaremos siempre reposar la masa durante, al menos, 1 hora en la nevera para facilitar que se «relaje el gluten», para aportar frío a la mantequilla y evitar que la masa encoja en el horneado.

Una vez dominada la tan versátil masa quebrada, pasaremos a elaborar tartaletas. Para ello, prepararemos una receta con *pâte à foncer*, que es un poco más firme que la masa quebrada e incorpora, además, huevo y, a veces, una pequeña cantidad de azúcar. Después utilizaremos dos tipos de masa diferentes:

la *pâte sucrée* —«masa azucarada»—, que suele llevar almendra molida, y la masa *sablée breton* —«masa arenosa bretona»—. La masa *sucrée*, como la *pâte à foncer*, se parece mucho a la masa quebrada, pero lleva huevos y azúcar. En este sentido, los consejos referentes a la masa quebrada son igualmente aplicables a estos dos tipos de masa, aunque el resultado nunca será tan quebradizo como en el caso de la masa quebrada, pues la presencia de huevo le dará mayor consistencia y firmeza y la del azúcar, color.

Nuestro último tipo de masa, la *sablée breton*, se hace a base de galletas y también se emplea mucho para las tartaletas porque posee una gran firmeza.

Finalmente, haremos también unas tartaletas con base de galleta: una solución muy sencilla cuando andamos cortos de tiempo, pero no por ello menos deliciosa.

¿Cómo cubrir una base de *pie*?

Estiramos la masa fría en círculo sobre una superficie enharinada. Cuando tenemos un círculo suficientemente grande, lo transferimos a nuestro molde de tartaleta. Ajustamos bien la masa al molde y cortamos lo sobrante dejando un reborde de, al menos, 1,5 cm de grosor. Con los dedos, primero enrollamos el reborde hacia fuera y luego le vamos dando forma a la masa.

¿Cómo cubrir una base de tartaleta?

La forma más perfecta de forrar los moldes de tartaleta que tienen paredes rectas es cortar primero un círculo del tamaño de la base del molde. Para ello, estiraremos la masa sobre una superficie enharinada. Después, cortaremos con un cortapastas del tamaño de nuestro molde o, si estamos usando aros de pastelería, el propio aro. Luego, cortamos tiras largas de un grosor un poco superior al de nuestro molde, pintamos los bordes de la base con agua y pegamos las tiras, ajustándolas al diámetro del recipiente y a su altura.

En el caso de los moldes de tartaletas clásicos, acomodaremos la masa y cortaremos el sobrante con un cuchillo.

¿Cómo hornear los *pies* y las tartaletas?

Principalmente nos encontraremos con dos técnicas de horneado: el horneado con relleno —en el que la base y el relleno se cocinan a la vez— y el horneado «a ciegas» o «en blanco», que es el nombre que se le da al hecho de hornear la base vacía. Hornearemos a la vez relleno y masa cuando se trate de una cocción larga, que permita que tanto la base como el interior estén en su punto al salir del horno. Respecto al horneado en blanco o a ciegas, tenemos dos opciones: hornear a ciegas parcialmente cuando cocinemos en primer lugar la base de masa vacía para después rellenarla y volver al horno con el relleno incorporado —este tipo de horneado se realiza cuando lo de dentro no requiere una cocción tan larga como la base, o cuando queremos que la base esté más crujiente y el interior más húmedo—, o bien hornear a ciegas totalmente, cuando el relleno no requiera horneado.

¿Cómo se hornea «a ciegas»?

El problema cuando horneamos una masa vacía es que se deforma mucho más que rellena. Por eso, usaremos siempre un peso de horneado. Protegemos el molde con papel de horno o de aluminio —yo uso un forro de *crockpot*— y colocamos los pesos de horneado o bien arroz, garbanzos o azúcar. Horneamos 15 minutos, retiramos el peso, y horneamos el tiempo indicado por la receta. Coceremos parcialmente la masa cuando luego se hornee con el relleno, y la coceremos por completo cuando el relleno ya esté cocinado.

¿Cómo evitar que el relleno ablande la masa?

Para todas aquellas tartaletas que se hornean en blanco por completo, existe un truco para mantenerlas crujientes: pintar la base con manteca de cacao fundida antes de añadir lo que vaya dentro. Esto impermeabiliza la base e impide que la humedad del relleno reblandezca la masa.

¿Qué rellenos podemos utilizar?

En este capítulo trataremos varios tipos de relleno, desde los que se hornean directamente dentro de la base de masa —como el *apple pie* o la tartaleta de almendras y mora— hasta los que se cuecen previamente para luego rematarse junto a la base en el horno —como el pastel de cerezas—. También haremos un *lemon pie*, en el que hornearemos en blanco la base y cocinaremos por separado el relleno para juntarlo todo al final, y finalmente unas empanadas de frutos rojos que nos demostrarán la versatilidad de la masa quebrada.

Apple pie

El pastel americano por excelencia es, sin duda, el pastel de manzana, aunque, curiosamente, su origen lo tenemos en los recetarios ingleses y holandeses de la Edad Media. Ya aparece en el recetario *The Forme of Cury* del siglo XIV y en el recetario holandés de 1514 *Een notabel boecxken van cokeryen* como *appeltaerten*, y es en este país donde se desarrollan las dos formas más típicas de esta tarta: con un enrejado superior de masa o con un *crumble*. Los colonos llevan la receta a Estados Unidos, donde aparece por primera vez publicada en *American Cookery*, el recetario de Amelia Simmons publicado en 1896, y su popularidad no ha descendido desde entonces.

INGREDIENTES

Para 6-8 porciones

PARA LA BASE

310 g de harina
1 cucharadita de sal
220 g de mantequilla fría en cubos
Entre 70 y 90 ml de agua muy fría

PARA EL RELLENO

850 g de manzanas en dados
100 g de azúcar moreno
2 cucharaditas de canela (9 g)
1 cucharadita de zumo de limón (5 ml)

PARA DECORAR

Huevo batido
Azúcar blanco

En el robot de cocina, o con ayuda de un mezclador manual para masas, mezclamos harina, sal y mantequilla muy fría en cubos. Cuando la mezcla parezca migas de pan, añadimos poco a poco el agua muy fría, sin dejar de mezclar. Si vemos que está seca podemos incorporar un poquito más de agua. Tenemos que lograr una masa firme y no pegajosa. Amasamos sobre una superficie enharinada. Dividimos en dos, hacemos dos bolas de masa un poco aplastadas, envolvemos en *film* y refrigeramos, al menos, 2 horas.

Precalentamos el horno a 180 ºC con calor arriba y abajo. Estiramos una de las bolas de masa en círculo sobre una superficie enharinada. Cuando tenemos un círculo suficientemente grande lo transferimos a nuestro molde de tartaleta profundo de 22 cm. Ajustamos bien la masa al molde y cortamos lo sobrante dejándonos un reborde. Con los dedos, primero lo enrollamos un poco y luego le vamos dando forma a la masa. Una vez forrado el molde, lo metemos 20 minutos en la nevera mientras preparamos el relleno.

Cogemos la otra bola de masa y estiramos sobre una superficie enharinada con nuestro rodillo hasta que tenga el grosor de nuestra base. Refrigeramos cubierta con *film*.

Para preparar el relleno mezclamos todos los ingredientes en un bol y colocamos el relleno en el molde.

Sacamos el disco de masa que habíamos estirado y cortamos tiras para decorar la parte superior de la tarta. Haremos un enrejado: para ello tendremos que alternar las tiras, de forma que cada una que esté sobre otra, pase por debajo de la que tiene al lado. Podemos, además, elaborar detalles ornamentales como trenzas para que quede aún más espectacular. En este sentido, y si elaboramos trenzas u otra técnica que nos obligue a manipular mucho la masa —y, por ende, a calentarla—, refrigeraremos de nuevo unos 15 minutos para que se recupere el frío original.

Paso a paso

También podemos dejar el disco tal cual, haciendo un pequeño corte central para dejar salir el vapor de la cocción y que no se raje.

Una vez tengamos la tarta lista, pintamos la masa con huevo batido y espolvoreamos un poquito de azúcar.

Horneamos 20 minutos a 180 ºC y, después, 35 minutos a 165 ºC, o hasta que el relleno esté blandito y burbujeante y la masa bien doradita

Pie de cerezas con *crumble*

Junto con el *apple pie*, el *pie* de cerezas es otra de esas elaboraciones que nos trasladan directamente al mundo de la repostería estadounidense, y, más concretamente, al de las películas de nuestra infancia. Preparar y regalar pasteles es algo muy típico al otro lado del charco y, en este caso, el de cerezas es un clásico en la celebración del 4 de julio.

INGREDIENTES

Para 6-8 personas

PARA LA BASE

155 g de harina
1 cucharada de azúcar
½ cucharadita de sal
110 g de mantequilla fría en cubos
Entre 35 y 45 ml de agua

PARA EL RELLENO

800 g de cerezas deshuesadas
100 g de azúcar (podemos ajustarlo en función de lo dulces que estén)
2 cucharaditas de zumo de limón
120 ml de agua
3 cucharadas de maicena

PARA EL *CRUMBLE*

70 g de copos de avena enteros
90 g de harina
50 g de azúcar moreno
85 g de mantequilla fría en cubos

Comenzamos preparando el relleno de cerezas: colocamos las cerezas con 85 ml de agua, el azúcar y el zumo de limón en un cazo. Cocinamos hasta que estén bien blandas y empiecen a soltar sus jugos. En este momento, diluimos la maicena en el resto de agua y la incorporamos a la salsa de cerezas. Cocinamos hasta que la salsa se espese. Dejamos enfriar por completo y cubrimos con *film*.

En el robot de cocina, o con ayuda de un mezclador manual para masas, preparamos la masa igual que hicimos en la receta anterior. Hacemos una bola de masa un poco aplastada, envolvemos en *film* y refrigeramos, al menos, 2 horas.

Precalentamos el horno a 170 ºC con calor arriba y abajo. Estiramos la masa en círculo sobre una superficie enharinada. Cuando tenemos un círculo suficientemente grande lo transferimos a nuestro molde de tartaleta de 22 cm. Ajustamos la masa al molde tal y como hicimos con el *apple pie* y metemos 20 minutos al congelador mientras preparamos el relleno.

Para preparar el *crumble*, ponemos todos los ingredientes en un bol y frotamos con los dedos para que la mantequilla se mezcle con el resto de ingredientes, hasta que tenga la textura de unas migas gruesas; también podemos usar un mezclador manual de masas o la picadora.

Rellenamos la masa con la salsa de cerezas y cubrimos con el *crumble*.

Horneamos 50 minutos a 170 ºC o hasta que el relleno esté blandito y burbujeante y el *crumble* bien doradito.

Paso a paso

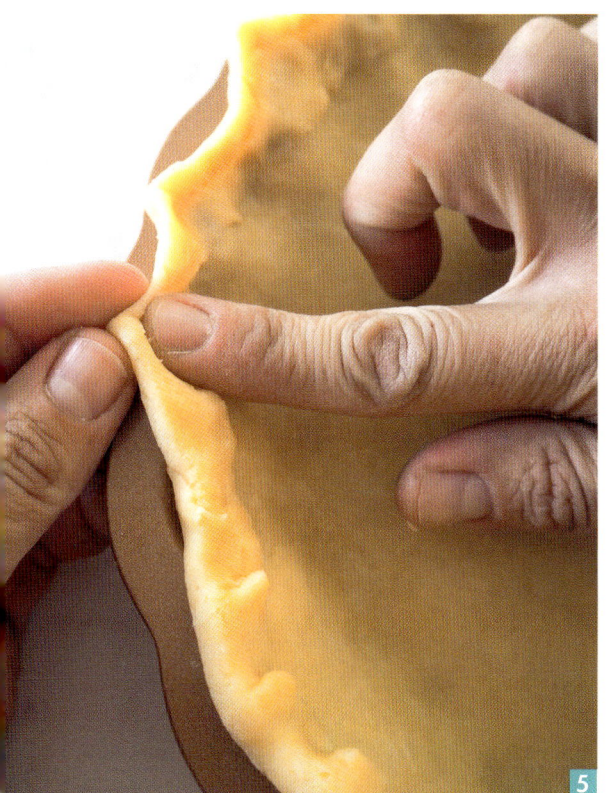

Lemon pie

Este pastel nos va a dar la posibilidad de practicar el horneado en blanco. Respecto a los pesos de horneado, yo suelo usar bolas cerámicas que se venden con este fin, pero podemos usar arroz o garbanzos, por ejemplo.

INGREDIENTES

Para 6-8 personas

PARA LA BASE

155 g de harina
½ cucharadita de sal
110 g de mantequilla fría en cubos
Entre 35 y 45 ml de agua

PARA EL RELLENO

160 g de azúcar
30 g de maicena
220 ml de agua
2 yemas
30 g de mantequilla
Ralladura de un limón
80 ml de zumo de limón

PARA EL MERENGUE

3 claras
170 g de azúcar

En el robot de cocina, o con ayuda de un mezclador manual para masas, elaboramos la masa siguiendo las mismas instrucciones que las del *apple pie*. Hacemos una bola, envolvemos en *film* y refrigeramos, al menos, 2 horas.

Precalentamos el horno a 180 ºC con calor arriba y abajo. Estiramos la masa en círculo sobre una superficie enharinada. Cuando tenemos un círculo suficientemente grande lo transferimos a nuestro molde de tartaleta de 22 cm. Cortamos el sobrante, pinchamos toda la base con un tenedor para evitar que se hinche y metemos 20 minutos al congelador.

Protegemos nuestro molde con papel de horno o de aluminio —yo uso un forro de *crockpot*— y colocamos los pesos de horneado, o arroz o garbanzos. Horneamos 15 minutos, retiramos el peso, y horneamos 20 minutos más o hasta que esté totalmente dorado. Sacamos del horno y dejamos enfriar un poco mientras preparamos el relleno.

Mezclamos las yemas con la mitad del azúcar y la maicena usando unas varillas. Reservamos. Calentamos el agua con el zumo, la ralladura y el resto del azúcar. Cuando empiece a humear, lo vertemos sobre la mezcla de yemas removiendo muy bien. Volvemos al fuego con la mezcla y cocinamos sin dejar de remover hasta que espese muchísimo. Retiramos del fuego, incorporamos la mantequilla y dejamos volver a temperatura ambiente cubierto por film a piel. Usamos la crema para rellenar la masa que teníamos horneada.

Finalmente, preparamos un merengue suizo siguiendo las instrucciones de la página 138. Decoramos nuestro *pie* con el merengue y lo tostamos con nuestro soplete o unos minutos al *grill*.

PARA EL HORNEADO

Como curiosidad, para separar los pesos de horno de la masa, yo uso una especie de bolsa de plástico resistente al horneado porque es apta para olla de cocción lenta. Si no las encontramos, podemos usar papel de horno o *film* resistente al calor.

4

Empanadas de frutos rojos con vainilla

La versatilidad de la masa quebrada nos permite también elaborar pasteles individuales. En este caso los rellenaremos de frutos rojos, pero podemos hacerlo con la compota que más nos guste. Como el tiempo de cocción es más corto en este tipo de empanadas, recomiendo preparar primero la compota. De esta forma el relleno estará también perfectamente blandito y cocinado cuando las empanadas salgan del horno.

INGREDIENTES

Para 8-10 tartaletas

PARA LA BASE
230 g de harina
¾ de cucharadita de sal
165 g de mantequilla fría en cubos
Entre 50 y 67 ml de agua
1 huevo batido

PARA LA COMPOTA
200 g de fresas limpias y troceadas
100 g de frambuesas
100 g de moras o arándanos
80 g de azúcar blanco
60 ml de agua
1 cucharada de maicena
1 vaina de vainilla

Preparamos la masa quebrada siguiendo las instrucciones de la del *apple pie*, pero con las cantidades de esta receta. Hacemos una bola, envolvemos en *film* y refrigeramos, al menos, 2 horas.

Para preparar la compota, abrimos la vaina de vainilla y sacamos las semillas. Colocamos las fresas, las frambuesas y las moras con el azúcar, la vaina abierta por la mitad y sus semillas en un cazo y cocemos a fuego medio hasta que la fruta esté blanda y soltando sus jugos. Bajamos el fuego y mezclamos en un bol la maicena con el agua, hasta que no tenga grumos. Lo incorporamos a las fresas y removemos muy bien hasta que se integre. Cocemos 5 minutos más, o hasta que el líquido se haya densificado.

Precalentamos el horno a 180 ºC con calor arriba y abajo. Estiramos la masa sobre una superficie enharinada y cortamos círculos de 12 cm. Colocamos una cucharada de relleno en el centro de cada empanada y las cerramos con un tenedor, como si fueran empanadillas. Hacemos unos pequeños cortes en la superficie para evitar que exploten y pintamos con huevo. Espolvoreamos con azúcar blanco.

Horneamos 20 minutos o hasta que estén doraditas y el relleno burbujee.

Tartaletas de piña, mango y chocolate blanco

Estas tartaletas de base de galleta se preparan rápidamente y no necesitan horneado, lo que nos permite tenerlas listas en poco tiempo. Eso no quita para que, si te gustan más las tartaletas de masa quebrada, puedas prepararlas con ese tipo de base, usando específicamente la técnica de horneado en blanco que aprendimos con el *lemon pie*.

INGREDIENTES

Para 4 tartaletas pequeñas

PARA LA MASA

200 g de galletas tipo *digestive*
90g de mantequilla fundida

PARA EL RELLENO

120 ml de zumo de piña[10]
1 cucharada de zumo de limón (15 ml)
80 g de azúcar
30 g de maicena
2 yemas + 1 huevo
Una pizca de sal
25 g de mantequilla

PARA LA *GANACHE* DE CHOCOLATE BLANCO Y MANGO

100 g de chocolate blanco
50 g de puré de mango
(natural o congelado)
5 ml de azúcar invertido

PARA DECORAR

Flores comestibles

Fundimos el chocolate cuidadosamente. Ponemos a calentar el puré de mango con el azúcar invertido. Cuando comience a hervir lo añadimos sobre el chocolate. Emulsionamos con una espátula y después usamos la batidora de inmersión para perfeccionar la emulsión. Dejamos reposar en un bol, a temperatura ambiente y cubierto con *film* a piel, un mínimo de 6 horas.

Trituramos las galletas y las mezclamos con la mantequilla fundida. Rellenamos nuestros moldes de tartaleta previamente engrasados. Con ayuda de un vaso, presionamos bien la masa a la vez que conseguimos la cavidad necesaria para poder después llenar con el relleno. Refrigeramos al menos una hora.

En un bol, mezclamos las yemas con el huevo, el azúcar, la sal y la maicena. Mientras tanto, ponemos a calentar el zumo de piña con el de limón, y cuando comience a humear, vertemos sobre las yemas y, removemos muy bien. Volvemos al fuego y cocinamos hasta que espese. Retiramos del fuego, incorporamos la mantequilla, removiendo hasta que se integre, y dejamos enfriar por completo cubierto con *film* a piel.

Pintamos nuestras tartaletas con manteca de cacao para evitar que el relleno *moje* la base (esto es opcional, pero muy recomendable) y rellenamos con la crema de piña.

Finalmente, decoramos usando la manga pastelera con la *ganache* de chocolate blanco y unas flores comestibles.

---

10 Podemos comprarlo, pero queda mucho más delicioso si hacemos nuestro propio zumo licuando la piña. También podemos triturarla y después colar el jugo para retirar la pulpa.

Tartaleta de almendra, naranja y moras

Esta receta es perfecta para iniciarse en el mundo de las tartaletas, ya que el relleno de almendra mantiene en su lugar nuestra masa y evitará que se encoja o cambie de forma. La masa que utilizaremos es *sucrée*, cuyo contenido de harina de almendra le aporta jugosidad y mucho sabor.

INGREDIENTES

Para 6-8 personas

PARA LA MASA

75 g de mantequilla
45 g de azúcar glas
30 g de huevo
125 g de harina
18 g de harina de almendra
Una pizca de sal

PARA EL RELLENO

110 g de mantequilla
110 g de azúcar
2 huevos
110 g de harina de almendra
45 g de harina
La ralladura de una naranja

PARA DECORAR

350 g de moras
Almendras laminadas

En el robot de cocina, o con ayuda de un mezclador manual para masas, mezclamos la harina, la harina de almendra, la sal, el azúcar y la mantequilla muy fría en cubos. Cuando parezca migas de pan, añadimos poco a poco el huevo batido. Hacemos una bola, envolvemos en *film* y refrigeramos, al menos, 2 horas.

Pasado este tiempo, estiramos la masa hasta que tenga un tamaño superior al de nuestro molde. La colocamos encima del molde engrasado y la ajustamos bien, cortando el exceso de masa. Pinchamos la base y volvemos a refrigerar mientras precalentamos el horno a 180 ºC.

Preparamos el relleno batiendo la mantequilla con el azúcar. Incorporamos el resto de los ingredientes. Rellenamos el molde, colocamos las moras y decoramos con las almendras.

Horneamos 45-55 minutos a 180 ºC o hasta que al pinchar con un palillo salga limpio.

Paso a paso

Tartaleta de chocolate cremoso con cerezas

Con esta receta practicaremos el horneado en blanco para después preparar un delicioso y chocolateado relleno que combina a la perfección con la dulzura de las cerezas. Si queremos preparar esta receta fuera de temporada de cerezas, podemos utilizar otro tipo de frutos rojos. Con frambuesa queda deliciosa.

INGREDIENTES

Para 6-8 personas

PARA LA MASA

180 g de harina
25 g de cacao
4 g de sal
100 g de mantequilla
40 g de azúcar
1 huevo
20 g de agua

PARA EL RELLENO

375 g de chocolate con leche
225 ml de nata de montar 35 % mg
40 ml de licor de cereza
15 g de mantequilla

PARA LA SALSA DE CEREZAS

100 g de cerezas deshuesadas
15 g de azúcar
1 cucharadita de zumo de limón
½ cucharada de maicena
40 ml de agua

Preparamos la masa siguiendo las instrucciones de la receta anterior, pero con los ingredientes especificados en esta. Hacemos una bola, envolvemos en *film* y refrigeramos, al menos, 2 horas.

Pasado este tiempo, estiramos la masa y la ajustamos al molde de tartaleta de 22 cm. Hornearemos en blanco nuestra base siguiendo la misma técnica que en el *lemon pie*.

Mientras se enfría, preparamos el relleno: calentamos las cerezas con el azúcar, la mitad del agua y el limón hasta que se ablanden y suelten sus jugos. Retiramos del fuego y trituramos levemente con la picadora o robot de cocina. A continuación, colamos este jugo, lo colocamos en un cazo y lo calentamos mientras mezclamos la maicena con el resto del agua. Cocemos hasta que espese. Retiramos del fuego, filmamos a piel y dejamos que vuelva a temperatura ambiente.

Para el relleno: troceamos el chocolate. Calentamos la nata con el licor de cereza. Cuando comience a hervir, retiramos del fuego y vertemos sobre el chocolate. Mezclamos hasta tener un resultado homogéneo. Añadimos la mantequilla y removemos hasta que se incorpore. Reservamos.

Repasamos los bordes de nuestra tartaleta con el *microplane*. Colocamos el relleno de cereza en el molde. Encima, vertemos el chocolate y dejamos enfriar 3 o 4 horas hasta que esté firme.

Paso a paso

Tartaleta de *matcha* y frambuesas

No podíamos terminar este capítulo sin elaborar una tartaleta con base de *sablé breton*. Para hornearla usaremos un aro de repostería, porque de lo contrario se expandiría y perdería la forma. El relleno es la crema diplomática que aprendimos en la página 134, pero aromatizada con té *matcha*. O también podríamos cambiarlo por dos cucharaditas de vainilla en pasta o ralladura de naranja o limón.

INGREDIENTES

Para un aro de 18 cm
(unas 6-8 personas)

130 g de mantequilla fría en cubos
100 g de azúcar blanco
1 huevo
200 g de harina
1'5 cucharaditas (7 g) de levadura química
Una pizca de sal

PARA LA CREMA PASTELERA

250 g de leche
50 g de azúcar blanco
2 yemas
25 g de maicena
1 cucharada de *matcha* en polvo

PARA LA CREMA DIPLOMÁTICA

350 g de crema pastelera
140 g de nata montada
3 g de gelatina en hojas

PARA DECORAR

Frambuesas
Sprinkles

Precalentamos el horno a 180 ºC con calor arriba y abajo, o a 165 ºC si horneamos con ventilador.

En el robot de cocina, o con ayuda de un mezclador manual para masas, mezclamos la harina, la levadura química, el azúcar, la sal y la mantequilla muy fría en cubos. Cuando parezca migas de pan, añadimos poco a poco el huevo batido. Hacemos una bola y congelamos 15 minutos.

Pasado ese tiempo, la estiramos sobre un tapete de silicona con un grosor de 1 cm y usamos el aro para cortar la cantidad necesaria.

Horneamos 20 minutos sin retirar el aro o hasta que la superficie esté bien dorada. Dejamos enfriar por completo y después retiramos el aro ayudándonos con un cuchillo fino o una espátula.

En un cazo, preparamos la crema pastelera siguiendo las instrucciones de la página 130, pero añadiendo el *matcha* a la leche antes de empezar a calentarla.

Hidratamos la gelatina en agua bien fría. Nada más retirar la crema pastelera de *matcha* del fuego, pesamos 350 g y le incorporamos la gelatina escurrida. Dejamos regresar a temperatura ambiente filmado a piel.

Una vez tenemos la crema lista y a temperatura ambiente, montamos la nata. Cogemos la crema pastelera, la batimos enérgicamente con unas varillas para que recupere la textura original y cuando esté cremosa, incorporamos la nata con movimientos envolventes.

Cubrimos nuestra tartaleta con la crema diplomática de *matcha*, usando nuestra manga pastelera y, finalmente, con las frambuesas y algunos *sprinkles*.

La masa *choux* y la masa de hojaldre

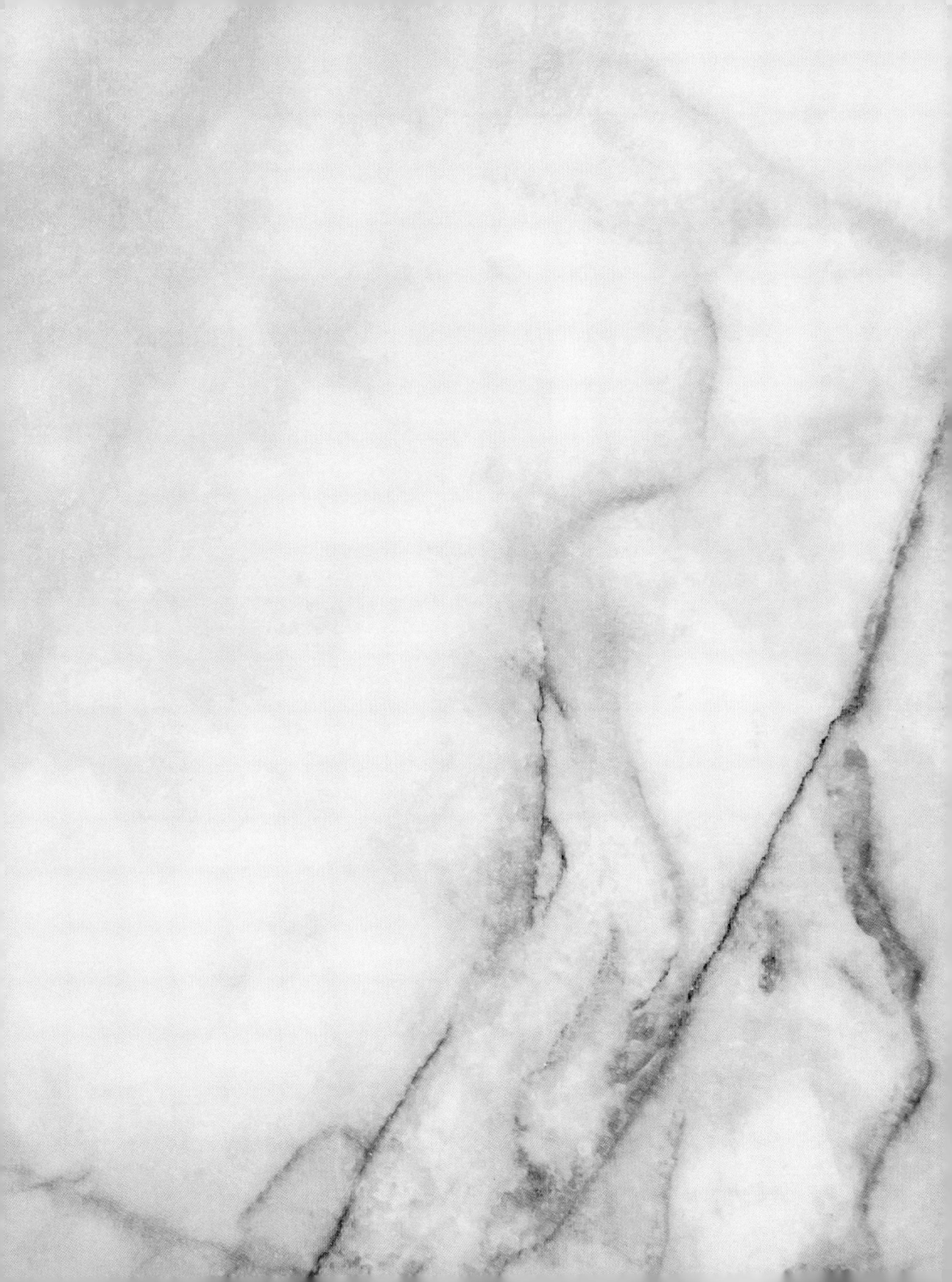

La masa *choux* nos permite preparar infinidad de postres muy variados. Su elaboración no es muy compleja, pero requiere cogerle el punto.

Dice la leyenda que la ideó Pantanelli, un chef italiano de la corte de la reina Catalina de Médicis, en el siglo XVI. Esta masa sería la base sobre la que su sucesor, Popelini, comenzó con la elaboración de los dulces conocidos como «popelins». Estos se preparaban con una masa que, igual que se hace con la masa *choux*, se calentaba para evaporar al máximo su contenido de agua y se hicieron muy populares, tanto con acabados dulces como salados.

Sería del nombre de esta masa, *pâte à chaud* —«pasta caliente», llamada así por el proceso al que se sometía antes de hornearla—, del que derivaría el nombre de la masa *choux*. Sea o no cierta la leyenda sobre su origen, de lo que sí tenemos evidencia es de que Carême —el mismo que el de la charlota— y Jean Avice, los pasteleros de la corte de María Antonieta, ya usaban la masa *choux* en el siglo XVIII para elaborar profiteroles.

La masa *choux* tiene su base en la cocción inicial de la harina en agua hirviendo con sal y mantequilla. Cuando realizamos ese paso, los almidones de la harina se pregelatinizan y absorben gran cantidad de agua. Gracias a todo este líquido absorbido, cuando horneemos —o friamos—, en la masa se generará mucho vapor y se hinchará y crecerá mucho.

Su popularidad y versatilidad —no solo permite ser escudillada de infinitas formas, sino que también se presta a un relleno tanto dulce como salado— han hecho que sea una parte esencial de la repostería francesa y que goce de fama mundial. La masa *choux* es la base para los *éclairs*, pero también para los profiteroles, el París-Brest, la *croquembuche* o las *religieux*, los *choux chantilly* —las lionesas de nata—, los *chouquettes* y los *crullers*. Este tipo de masa también es protagonista, junto al hojaldre, del Saint Honoré.

¿Cuáles son las claves más importantes al elaborar la masa choux?

En primer lugar, que todos los ingredientes estén a temperatura ambiente al comenzar. Esto facilitará el primer paso —fundir la mantequilla en agua con sal y azúcar— y evitará que se evapore mucha agua antes de añadir la harina.

En segundo lugar, el mezclado. Una vez incorporemos la harina tenemos que ser muy concienzudos y remover sin descanso hasta eliminar todos los grumos. Si nuestra masa *choux* los tiene, estos permanecerán en nuestro postre, estropeándolo por completo. Para ello usaremos unas varillas manuales y mucha energía.

Otro paso clave es la evaporación del líquido sobrante. Como ya hemos mencionado, la harina absorbe mucho líquido al entrar en contacto con el agua hirviendo, pero tenemos que quitar el que sobra para lograr un resultado óptimo. Esto lo conseguiremos «secando» la masa. Una vez tengamos lista la pasta de harina, la calentaremos de nuevo, aplastándola con una espátula sobre la base del cazo y sin dejar de remover, de forma que iremos viendo cómo se evapora el agua y la masa chisporrotea. Es importante moverla para que cada vez sean diferentes partes de la masa las que entren en contacto con la base del cazo, y porque, si no lo hacemos, se quemará rápidamente. Pasados 2 o 3 minutos, la masa estará lista. En ese momento debemos retirarla del cazo y dejarla atemperar un poco antes de incorporar los huevos. No debemos hacerlo si la masa supera los 55-60 ºC.

Otra de las cuestiones importantes para el éxito de nuestra masa *choux* es añadir el huevo justo para la textura perfecta. Uno de los problemas que tiene esta preparación es que, precisamente porque la secamos al fuego, no siempre llega con la misma hidratación al momento de agregar los huevos. Si un día la hemos secado más tiempo, después necesitaremos incorporar mayor cantidad de huevo para obtener la textura deseada, y viceversa. ¿Cómo saber entonces cuánto huevo echar? En las recetas siempre recomendaré añadir ¾ partes del huevo y después agregar el resto poco a poco, comprobando frecuentemente la textura de nuestra masa.

La textura final, la que buscamos añadiendo el huevo poco a poco, se logra cuando la pasta cae de la espátula como en una cinta; el efecto es similar al que vimos con la masa de *macarons*. Una vez en la manga, la pasta debe salir con facilidad, pero no estar excesivamente líquida. Además, debe conservar la forma cuando la escudillemos sobre nuestra bandeja.

Hay un último paso fundamental para el éxito de nuestra receta: ¡no abrir el horno! Como comentábamos al inicio de este capítulo, es el vapor almacenado en el interior de la masa el que hace que se hinche como un globo. Si abrimos el horno antes de que el postre esté totalmente cocinado, el globo se deshinchará ante nuestros ojos en cuestión de segundos. Solo cuando las porciones de masa estén totalmente duras y cocinadas habremos logrado nuestro objetivo.

Los secretos del hojaldre

La segunda parte de este capítulo la dedicamos al hojaldre, una masa que requiere bastante trabajo pero que, a la vez, nos proporciona grandes satisfacciones.

El hojaldre es una masa laminada, es decir, una preparación en la que se alternan las capas muy finas de harina, agua y sal con las de mantequilla. Su principal dificultad es mantener la mantequilla intacta sin que sus capas se fundan con las de la pasta. Esto hará que después se logre el característico efecto hojaldrado.

Para la masa de hojaldre

250 g de agua
10 g de sal
50 g de mantequilla derretida
500 g de harina panificable
275 g de mantequilla (para las vueltas)

Comenzamos por preparar la mantequilla: la colocamos entre un papel de horno doblado y la estiramos poco a poco con el rodillo hasta lograr un rectángulo de 23 cm por 16 cm. Yo suelo doblar los papeles para darle una forma casi de sobre, y de este modo puedo llegar hasta los extremos y que quede totalmente cuadrada. Ya tenemos la mantequilla lista para laminar. La reservaremos en la nevera.

El siguiente paso es preparar la masa. Mezclaremos todos los ingredientes en la amasadora con el gancho o a mano en un bol. Necesitamos amasar lo justo hasta que todos se integren y hacemos una bola. La masa estará un poco rugosa: es así. Cortaremos una equis en nuestra masa para que después sea más sencillo estirarla y la refrigeraremos unos 20 o 30 minutos para que nos sea más fácil trabajar con ella.

Pasado este tiempo, estiraremos la masa de forma rectangular justo del doble de longitud que nuestra mantequilla (o sea, 32 cm × 23 cm) y envolvemos con ella la mantequilla. Cerramos muy bien los laterales y la giramos hasta que el cierre central quede vertical.

A continuación, estiramos la masa hasta que mida el triple de su longitud original. Cerraremos el tercio superior hacia el centro de la masa y después el tercio inferior por encima. Podemos mirar la masa ahora como si fuera un libro: tiene un «lomo» y unas «páginas». Giramos la masa de forma que el «lomo» esté a nuestra izquierda y repetiremos el pliegue, es decir: estiraremos la masa de nuevo hasta que mida el triple de su longitud original y cerraremos el tercio superior hacia el centro de la masa y después el tercio inferior por encima. Filmamos bien y refrigeramos al menos 30 minutos hasta que esté bien fría de nuevo.

Pasado este tiempo, repetimos la operación: situamos la masa para que el «lomo» esté a nuestra izquierda y hacemos dos pliegues simples otra vez. Filmamos bien y refrigeramos al menos 30 minutos, hasta que la masa esté bien fría de nuevo.

Sacamos de la nevera y repetimos el proceso. Una vez hayamos realizado los dos últimos pliegues —un total de 6—, tendremos la masa lista. La refrigeraremos al menos 30 minutos antes de utilizarla para nuestra receta. También podemos conservarla refrigerada hasta 4 días o congelarla bien filmada. En el congelador puede estar un máximo de 4 semanas.

Profiteroles de *cookies and cream*

Espero que me perdonen los más tradicionales, pero no he podido evitar incluir esta receta en el libro porque me parece que la mezcla del sabor de las galletas de chocolate rellenas con la textura de los profiteroles es una de las combinaciones más espectaculares que existen. El relleno, ligero y a la vez con un toque de textura, casa a la perfección con la jugosidad que se espera de estos postres. Espero que los disfrutéis.

INGREDIENTES

Para dos bandejas de profiteroles
(aproximadamente 50 unidades)

PARA LA MASA *CHOUX*

250 ml de agua
100 g de mantequilla en cubos, a
temperatura ambiente
5 g de sal
5 g de azúcar
150 g de harina
4 huevos

PARA LA CREMA DIPLOMÁTICA

500 g de crema pastelera
200 g de nata montada
4 g de gelatina en hojas
50 g de galletas de chocolate rellenas
picadas

PARA EL CRAQUELÍN

95 g de harina
75 g de mantequilla a temperatura ambiente
95 g de azúcar moreno
½ cucharadita de canela

Comenzamos preparando la crema diplomática, siguiendo las instrucciones de la página 134, Tras añadir la nata, incorporaremos también las galletas picadas. Reservamos.

Elaboramos el craquelín —una masa que dará textura a nuestros profiteroles—. Batimos la mantequilla con el azúcar, la canela y la harina usando nuestra batidora con la pala (K) o a mano con una lengua de silicona, hasta tener una masa homogénea. La estiramos entre dos papeles de horno con el rodillo, hasta lograr un grosor de 2 o 3 mm. La metemos en el congelador hasta que esté bien firme.

Preparamos la masa *choux*: en un cazo, calentamos el agua con la mantequilla, la sal y el azúcar. En el momento en que empiece a hervir y se haya fundido la mantequilla, retiramos del fuego y agregamos la harina. Removemos con fuerza usando unas varillas hasta que no haya grumos. Volvemos al fuego y secamos un poco la masa tal y como se explica en la introducción de este capítulo. Retiramos del fuego y pasamos a un bol.

Agregamos los tres primeros huevos de uno en uno, esperando hasta que se incorpore cada uno antes de añadir el siguiente. Batimos el cuarto huevo y lo añadimos poco a poco, no todo de golpe. Comprobaremos periódicamente la textura de la masa. Debe caer en cinta, pero conservar cierta firmeza, lo que nos va a permitir escudillar los bollitos sin que se desparramen.

Vertemos la masa en la manga pastelera.

Precalentamos el horno a 200 ºC con calor arriba y abajo, o a 185 ºC si es con aire. Sobre una bandeja de horno cubierta con papel o un tapete de silicona, usando una boquilla redonda, hacemos bolitas de 3 o 4 cm de diámetro. Sacamos el craquelín del congelador y cortamos discos del mismo tamaño con la parte de atrás de una boquilla o un pequeño cortador.

Encima de cada bolita de *choux* colocamos un disco de craquelín. Horneamos 25 minutos o hasta que los bollitos estén dorados y secos. ¡Cuidado!, ¡si abrimos el horno a mitad de cocción se deshincharán!

▼

Paso a paso

Una vez estén perfectamente cocinados —deben estar aparentemente secos, aunque el interior conservará cierta humedad—, esperamos a que se enfríen por completo para rellenarlos con la crema diplomática. Si los dejamos poco cocinados, se quedarán chiclosos en poco tiempo. Decoramos con la crema sobrante y migas de galleta.

Crullers

En este caso prepararemos una versión diferente de la masa *choux*, empleando leche, que aporta una cremosidad espectacular y un sabor muy suave. Además, en este caso, freiremos los bollos en lugar de hornearlos, y después propongo tres alternativas de glaseado... ¡irresistibles!

INGREDIENTES

Para 16 *crullers*
de unos 7 cm de diámetro

PARA LA MASA

125 ml de leche
125 ml de agua
5 g de azúcar
110 g de mantequilla en trocitos
5 g de sal
140 g de harina
4 huevos

PARA FREÍR

Aceite de girasol o de oliva suave abundante

PARA EL GLASEADO DE FRAMBUESA

200 g de azúcar glas
1 cucharadita de frambuesa liofilizada en polvo
2-3 cucharadas de agua

PARA EL GLASEADO DE CREMA DE *WHISKY*

200 g de azúcar glas
2-3 cucharadas de crema de *whisky*

PARA EL GLASEADO DE MIEL

200 g de azúcar glas
2 cucharadas de miel
1 cucharada de agua

Preparamos la masa *choux* siguiendo las instrucciones de la receta anterior. Vertemos la masa en la manga; utilizaremos una boquilla de estrella abierta grande, como la 6B o la 8B.

Dibujamos en el reverso del papel de horno círculos de unos 7 cm de diámetro bien espaciados. Escudillaremos la masa encima, haciendo círculos de masa bien gruesos. Para evitar que se aplanen no debemos arrastrar la boquilla por el papel; la alejaremos lo suficiente para que la masa tenga espacio. Después, recortamos el papel de cada *cruller* de forma que cada uno de ellos esté sobre un cuadrado de papel de horno.

Calentamos abundante aceite de girasol en un cazo o una freidora. Cuando alcance los 180 °C iremos friendo los *crullers*. Recomiendo no poner más de dos o tres a la vez. Introducimos el *cruller* agarrándolo por el papel: cuando empieza a freírse, este se despega y podremos retirarlo con unas pinzas. Freiremos unos 5 minutos, hasta que empiece a agrietarse la superficie. Damos la vuelta y freímos 5 minutos más.

Sacamos cada *cruller* con una espumadera y los depositamos sobre una rejilla o un plato cubierto con papel de cocina absorbente para retirar el exceso de aceite.

Preparamos los glaseados que más nos gusten: tamizamos bien el azúcar glas y añadimos el resto de ingredientes. Mezclamos con unas varillas hasta tener un glaseado suave y semilíquido. Puede que tengamos que ajustar ligeramente la cantidad de agua. Bañamos cada *cruller* en el glaseado y dejamos secar por completo.

Éclairs de pistacho

El pistacho es, a mi parecer, uno de los frutos secos más deliciosos y vistosos que podemos usar en repostería. En este caso será el protagonista indiscutible. Aprovecho para proponerte que elabores esta misma receta con avellanas —usando pasta de avellana— y verás lo diferente que es el resultado, aunque no por eso menos sabroso.

INGREDIENTES

Para unos 25-30 *éclairs*

PARA LA MASA *CHOUX*
250 ml de agua
100 g de mantequilla en cubos,
a temperatura ambiente
5 g de sal
5 g de azúcar
150 g de harina
4 huevos

PARA EL RELLENO
500 g de leche
100 g de azúcar blanco
4 yemas
50 g de maicena
50 g de pasta de pistacho

PARA EL GLASEADO
50 ml de agua
100 g de azúcar
100 g de glucosa
60 g de leche condensada
100 g de chocolate blanco
6 g de gelatina en hojas
Colorante verde pistacho

PARA DECORAR
Frambuesa liofilizada

Comenzamos preparando el glaseado: si el chocolate blanco no viene en gotas, lo picamos. Reservamos. Hidratamos la gelatina en agua fría para que se ablande. Reservamos. Por otro lado, calentamos la leche condensada con el agua, el azúcar y la glucosa. Cuando llegue a 105 ºC retiramos del fuego, añadimos la gelatina disuelta y vertemos la mezcla sobre el chocolate, emulsionando bien como una *ganache*. Podemos ayudarnos con la batidora de inmersión. Incorporamos también el colorante en pasta verde. Reservamos bien cubierto con *film* a piel.

Preparamos la crema pastelera del relleno siguiendo las instrucciones de la página 130. Cuando la tengamos lista, incorporamos la pasta de pistacho. Reservamos filmada a piel.

Preparamos la masa *choux*, la escudillamos y la horneamos siguiendo las instrucciones de la receta anterior.

Dejamos enfriar sobre una rejilla. Si al tacto están blandos, podemos meterlos al horno 5-10 minutos más, hasta que se hayan secado bien. El problema si salen blandos del horno es que al rellenarlos quedarán totalmente gomosos.

Batimos la crema pastelera con unas varillas para que recupere su textura original. Agujereamos los *éclairs* por su parte inferior y los rellenamos.

Calentamos el glaseado al baño maría o con el microondas. Necesitamos que esté a 35 ºC para que el glaseado sea perfecto. Para que nos quede bien homogéneo, podemos usar la batidora de inmersión.

Bañamos cada *éclair* y decoramos la parte superior con frambuesa liofilizada.

Éclairs de chocolate y café

Con esta receta abordaremos el maravilloso mundo de los *éclairs* con una simpática y sencilla masa *choux* de chocolate. Además, usaremos un glaseado brillante de chocolate que ya es todo un clásico en la elaboración de tartas. Si no nos gusta el café, podemos sustituirlo por vainilla en el relleno y tendremos unos deliciosos *éclairs* de chocolate y vainilla.

INGREDIENTES

Para 25-30 *éclairs*

PARA LA MASA *CHOUX* DE CHOCOLATE
250 ml de agua
100 g de mantequilla en cubos, a temperatura ambiente
5 g de sal
5 g de azúcar
125 g de harina
15 g de cacao puro
4 huevos

PARA EL RELLENO
500 g de leche
100 g de azúcar blanco
4 yemas
50 g de maicena
3 cucharaditas de café instantáneo
2 cucharaditas de vainilla en pasta

PARA EL GLASEADO BRILLANTE DE CHOCOLATE
8 g de gelatina
200 g de azúcar blanco
75 g de cacao
75 ml de agua
140 ml de nata

PARA DECORAR
Granillo de chocolate

Comenzamos preparando el glaseado: hidratamos la gelatina en agua fría. Mientras tanto, calentamos el agua con el azúcar y el cacao hasta que alcancen los 100 ºC. Retiramos del fuego. Ponemos a hervir la nata y, cuando llegue a la ebullición, incorporamos el sirope de cacao que habíamos preparado y la gelatina hidratada. Mezclamos muy bien, colamos, pasamos a un bol y cubrimos con *film*. Refrigeramos 2 horas.

Preparamos la crema pastelera del relleno, siguiendo las instrucciones de la página 130, pero incorporando el café instantáneo al calentar la leche.

Preparamos la masa *choux*, incorporando el cacao tamizado junto a la harina.

Precalentamos el horno a 200 ºC con calor arriba y abajo o a 185 ºC, si es con aire. Vertemos la masa en la manga pastelera. Sobre una bandeja de horno cubierta con papel o un tapete de silicona, y con una boquilla estrellada grande, hacemos bastones de unos 8 a 10 cm de largo. Los espaciamos un poco. Horneamos 35 minutos o hasta que estén hinchados, dorados y secos.

Dejamos enfriar sobre una rejilla. Si al tacto están blandos, podemos meterlos al horno 5-10 minutos más, hasta que se hayan secado bien. El problema si salen blandos del horno es que al rellenarlos quedarán totalmente gomosos.

Batimos la crema pastelera con unas varillas para que recupere su textura original y la metemos en una manga pastelera con una boquilla redonda —yo uso la n.º 10—. Agujereamos los *éclairs* por su parte inferior y los rellenamos.

Calentamos el glaseado al baño maría o con el microondas. Necesitamos que esté a 35 ºC para que el glaseado sea perfecto. Para que nos quede bien homogéneo, podemos usar la batidora de inmersión.

Bañamos cada *éclair* y decoramos la parte superior con granillo de chocolate.

Milhojas de naranja y chocolate negro

La masa de hojaldre tal y como la conocemos actualmente nace en Francia y aparece por primera vez en el recetario *Le cuisinier Français*, en 1651, donde ya se explica el proceso de las vueltas —*le tourage*—. Es el ya mencionado Carême el que establece por primera vez el número de vueltas que debía tener. Esta idea de laminar la masa con las grasas no es exclusiva de la repostería francesa, ya que existen elaboraciones que alternan de forma similar la masa con la mantequilla o el aceite, como las *parathas* del sur de Asia o el *msemmen* árabe. En este caso, lo usaremos para preparar una de sus presentaciones más celebradas: el milhojas.

INGREDIENTES

PARA EL HOJALDRE CARAMELIZADO

Media masa de hojaldre
(receta página 310)
Azúcar glas

PARA LA CREMA PASTELERA

250 g de leche
50 g de azúcar blanco
2 yemas
25 g de maicena
Ralladura de una naranja

PARA LA CREMA DIPLOMÁTICA

350 g de crema pastelera
140 g de nata montada
3 g de gelatina en hojas

PARA LA *GANACHE* DE CHOCOLATE NEGRO

150 g de chocolate negro 54 %
125 g de nata de montar 35 % mg
25 ml de licor de naranja (opcional)
15 ml de azúcar invertido (opcional)

PARA DECORAR

Flores comestibles
Sprinkles

Preparamos la crema diplomática tal y como se explica en la página 134, recordando añadir la ralladura de naranja a nuestra crema pastelera cuando la estemos elaborando. Una vez tenemos la crema diplomática lista, reservamos.

Preparamos la *ganache* siguiendo las instrucciones de la página 128. Removemos hasta que la mezcla sea homogénea y la emulsión sea perfecta, obteniendo una *ganache* brillante. Incorporamos el licor de naranja. Podemos usar la batidora de inmersión para mejorar la emulsión. Filmamos a piel y dejamos enfriar a temperatura ambiente.

Preparamos el hojaldre. Estiramos nuestra masa de hojaldre sobre una superficie enharinada hasta que tenga el tamaño de nuestra placa de horno y un grosor de 5 mm.

Cubrimos un molde de horno con un papel y colocamos una capa fina de azúcar glas. Colocamos encima nuestro hojaldre y tamizamos un poquito más de azúcar glas por encima. Lo tapamos con un papel de horno y otra bandeja encima para evitar que suba. Horneamos 20 minutos a 200 ºC o hasta que esté caramelizado y dorado.

Una vez frío, cortamos los rectángulos de hojaldre con cuidado usando un cuchillo de sierra y montamos los milhojas: colocamos la crema diplomática y la *ganache* en dos mangas pasteleras. Rellenamos cada capa de hojaldre alternando ambas cremas y decoramos con *sprinkles* y flores comestibles.

Palmeritas rellenas de fresa

Las palmeritas son uno de los éxitos asegurados para cualquier celebración o evento. En este caso nos uniremos a la moda de rellenarlas y bañarlas, que arrasa en nuestro país, dándoles un toque extra de sofisticación a las clásicas palmeritas de azúcar.

INGREDIENTES

Para unas 32 palmeritas

Media masa de hojaldre
(receta página 310)
Azúcar blanco

PARA RELLENAR: *GANACHE*
DE CHOCOLATE BLANCO Y FRESA

200 g de chocolate blanco
85 g de puré de fresa

PARA DECORAR

300 g de chocolate con leche
10 g de mantequilla fundida
10 g de manteca de cacao
Fresa liofilizada

Comenzamos preparando la *ganache*: calentamos el puré hasta que empiece a hervir. Lo incorporamos al chocolate blanco fundido. Mezclamos muy bien hasta que emulsione. Reservamos con un *film* a piel.

Precalentamos el horno a 200 ºC. Estiramos el hojaldre sobre una superficie enharinada hasta que tenga el tamaño de nuestra placa de horno y un grosor de 5 mm. Si estamos usando el hojaldre casero de la página 310, nos valdrá con la mitad.

Espolvoreamos azúcar blanco sobre un papel de horno y colocamos encima el hojaldre. Espolvoreamos un poco más y pasamos el rodillo suavemente. Plegamos cada extremo al centro de la masa, espolvoreamos más azúcar y pasamos de nuevo el rodillo. Doblamos de nuevo los extremos sobre el centro, espolvoreamos más azúcar y pasamos de nuevo el rodillo. Una vez tenemos los pliegues listos, cortamos finas tiras de, aproximadamente, 5 mm de grosor. Las colocamos en una bandeja y horneamos unos 20 minutos o hasta que estén bien doraditas, dando la vuelta a las palmeritas a media cocción.

Dejamos enfriar por completo sobre una rejilla.

Una vez frías, cubrimos con una fina capa de *ganache* de fresa usando una manga pastelera.

Fundimos el chocolate e incorporamos la mantequilla y la manteca de cacao. Lo usamos para bañar una a una nuestras palmeritas sobre la rejilla. Retiramos con una espátula y dejamos asentar sobre un papel de horno. Decoramos con fresa liofilizada.

Paso a paso

Flan pastelero en hojaldre

Conocido como «flan pastelero» o «flan parisino», se trata de una elaboración absolutamente deliciosa con una larga tradición en nuestro país vecino que consta de una crema pastelera que se hornea en una base, normalmente, de masa quebrada. Es más denso que el flan que conocemos en España y que solemos tomar de postre, y su aspecto recuerda al de una tarta de queso. Nosotros seguiremos una tendencia creciente: la de elaborar el flan en una base de hojaldre. El contraste entre el crujiente hojaldre y la cremosidad del relleno es espectacular.

INGREDIENTES

PARA LA BASE

Media masa de hojaldre
(receta página 310)

PARA EL RELLENO

2 yemas
4 huevos
80 g de maicena
160 g de azúcar blanco
800 ml de leche
400 ml de nata
3 cucharaditas de vainilla en pasta

Engrasamos nuestro molde de flan con mantequilla fundida o espray desmoldante.

Estiramos la masa de hojaldre sobre una superficie ligeramente enharinada hasta que tenga un grosor de unos 8 mm. Cortamos un círculo de, aproximadamente, 8-10 cm mayor que nuestro molde. Mi molde es de 24 cm, así que cortaré un disco de 32-34 cm. Lo colocamos sobre el molde de flan ajustándolo bien.

Cubrimos con *film* resistente al calor, una bolsa para olla de cocción lenta o papel de horno y rellenamos con nuestros pesos de repostería o arroz. Horneamos 20 minutos a 190 ºC con calor arriba y abajo, o a 175 ºC si estamos horneando con aire, o hasta que veamos que la pasta comienza a dorarse por los bordes. Sacamos del horno, retiramos los pesos y reservamos. No desmoldamos todavía.

Para preparar el relleno, en un bol grande, batimos las yemas con los huevos y la vainilla, la mitad del azúcar y la maicena hasta tener una mezcla homogénea.

Incorporamos la leche y la nata, colamos la mezcla y la vertemos sobre el molde de hojaldre, sin desmoldar.

Volvemos al horno a 190 ºC con calor arriba y abajo, o a 175 ºC si es con aire. Horneamos 50 minutos o hasta que veamos que el flan está bien dorado por la superficie y se ha hinchado. Al sacarlo del horno seguirá «bailando» y se deshinchará. Dejamos enfriar por completo a temperatura ambiente antes de intentar desmoldar. Después, introducimos en la nevera durante al menos 4 horas o toda la noche a temperatura ambiente.

Tartaletas de hojaldre y ciruelas

Una buena tartaleta de hojaldre es una de las mayores delicias que existen. Esta receta es extremadamente sencilla y la podréis preparar en menos de media hora. Es, además, la forma ideal de aprovechar masa de hojaldre sobrante. Por cierto, si no nos gustan las ciruelas podemos usar albaricoques, fresas, etc.

INGREDIENTES

Para 6 tartaletas

Media masa de hojaldre
(receta página 310)

PARA EL RELLENO Y DECORACIÓN

500 g de ciruelas cortadas en rodajas
y deshuesados
Un huevo batido
Un poco de azúcar blanco
100 g de almendra laminada
50 g de azúcar glas

Precalentamos el horno a 200 ºC con calor arriba y abajo, o a 185 ºC si estamos horneando con aire.

Estiramos la masa hasta que tenga un grosor de unos 6 mm. Cortamos rectángulos de 10 cm × 8 cm, aproximadamente. Marcamos los bordes de la tartaleta haciendo un rectángulo —dejamos aproximadamente 1 cm de margen— y pinchamos con un tenedor la base para que no crezca. Pintamos con huevo batido los bordes.

En el centro de cada tartaleta colocamos las rodajas de ciruela. Espolvoreamos con azúcar blanco y almendras laminadas. Horneamos 20 minutos o hasta que las ciruelas estén cocinadas y el hojaldre se haya dorado.

Dejamos enfriar por completo.

Antes de servir, decoramos con azúcar glas.

Masas
fermentadas

Las masas fermentadas suelen causar muchos quebraderos de cabeza cuando nos enfrentamos a ellas por primera vez. Aunque ya lo mencionamos en el primer capítulo, es importante recordar algunos conceptos.

En primer lugar, debemos fijarnos en el tipo de harina que pide la receta: lo más habitual es que sea harina de fuerza, para lograr que la malla de gluten garantice una estructura y volumen adecuados en el horneado.

Usaremos siempre levadura de panadero. La levadura química no hace que fermente la masa y esta no crece ni se transforma. La de panadero es realmente un hongo —el *Saccharomyces cerevisiae*—, y será el responsable de transformar el almidón de la harina en glucosa mediante la fermentación, modificando el sabor de la masa a la vez que genera dióxido de carbono y etanol. Esto hace que la masa leve, generando la estructura alveolar de la misma o, lo que es lo mismo, produciendo las cavidades que tiene la miga.

Finalmente, en el supermercado encontraremos dos tipos de levadura: fresca o seca. Ambas son válidas para realizar masas fermentadas y tan solo varía la cantidad: 1 g de levadura seca equivale a 3 g de levadura fresca. En este libro encontraremos siempre ambas opciones por escrito.

Una vez tenemos claros los ingredientes, debemos hablar del amasado, y es que, en las recetas de bollería, tras mezclar los ingredientes, debemos seguir trabajándolos, que es lo que denominamos «amasar». Mediante el amasado conseguimos que el gluten desarrolle una buena malla que después nos garantice que nuestros bollos queden jugosos, aireados y no apelmazados.

¿Cómo podemos amasar?

Lo más sencillo es usar nuestras manos. Las técnicas de amasado manual son dos:

- **Amasado francés:** En panadería se utiliza para panes de alta hidratación y nosotros lo emplearemos para las masas que se nos peguen mucho a las manos y a la mesa. Consiste en levantar la masa con ambas manos por la zona central y «lanzarla» contra la mesa para plegarla sobre sí misma como si fuera un sándwich. Repetiremos esta técnica hasta que deje de estar pegajosa y quede bien elástica.
- **Amasado tradicional:** El amasado más clásico; consiste en estirar la masa y plegarla sobre sí misma para generar la malla de gluten y que la pasta quede bien elástica.

Para amasar también podemos usar la ayuda mecánica. En ese caso, lo ideal será recurrir a una amasadora de sobremesa con gancho o bien a la de dos varillas con los ganchos. Si usamos una amasadora, recomiendo no emplear velocidades demasiado altas, porque castigan la masa y no por amasar a más velocidad se va a generar la malla de gluten antes. Es más, hacerlo provoca que la masa se caliente y, con ello, se debilite el trabajo que está realizando esta proteína. Por eso, usaremos siempre una velocidad baja-media y pararemos frecuentemente para comprobar el estado de la masa. Por cierto, no recomiendo usar robots de cocina —de cuchillas— para amasar bollería, porque el movimiento que hace es de rotación.

Luego, cuando creamos que hemos terminado de amasar y que el resultado es suficientemente elástico, podemos hacer la prueba de la membrana: estiramos una pequeña porción de masa hasta que parezca la membrana de un tambor. Si podemos hacerlo sin que se rompa, el amasado es correcto. De lo contrario, aún le falta un poquito más.

Secretos de la fermentación

Una vez la masa está lista, llega el momento de la fermentación. Su primera fase —o primer levado— será la que determine el sabor y la estructura alveolar. Esta fermentación la haremos «en bloque», es decir, con la masa tal cual la hemos amasado, sin dividirla. Es muy importante que esté siempre cubierta para evitar que se reseque. Yo suelo hacerlo con un *film* un poco engrasado, para que no se adhiera a la masa.

Pasado el tiempo de la primera fermentación, habrá que desgasificar la masa y dar forma a nuestro bollo o bollos. Una vez formados, tendremos que realizar un segundo levado —o fermentación final—, que será el responsable principal de que la masa leve antes del horneado.

Para evitar que la masa se quede corta de fermentación o sobreferment estaremos bien atentos a cómo progresa. La masa se habrá quedado corta de fermentación cuando a la levadura aún le falte tarea por hacer. Lo sabremos porque la masa no habrá crecido lo suficiente y, al meterla en el horno, lo hará de forma muy rápida rompiendo la superficie y generando una miga densa y unos bollos pesados. Para comprobar que la masa está fermentando correctamente, lo mejor es dejar que lo haga en un bol de cristal que permita ver cómo se va generando su estructura alveolar. Mi recomendación es, además, sacar una foto cuando ponemos la masa a fermentar. Esta nos servirá como guía para ver su evolución, ya que, a veces, nuestra memoria visual nos engaña y pensamos que ha crecido más o menos de lo que lo ha hecho.

Por el contrario, una masa sobreferment cuando la levadura se ha «comido» todo lo que tenía disponible y ya no puede generar más dióxido de carbono. Entonces, al entrar en el horno, la masa no crece más. Además, el exceso de trabajo de la levadura hace que se debilite la malla de gluten, haciendo que colapse y que como resultado nuestros bollos queden aplastados, sin el volumen deseado. También veremos que la masa ha sobreferment si está excesivamente blanca y no se ha dorado; esto se debe a que la levadura se ha comido todos los azúcares de la harina, evitando que se pueda producir la reacción de Maillard de la que hablamos en el capítulo sobre los ingredientes.

Si la sobreferment no ha sido muy significativa y sucede en nuestro primer levado, aún tiene arreglo. Podemos desgasificar la masa, bolearla para que recupere cierta fuerza, y formar el bollo o bollos. Será importante, en este caso, acortar la segunda fermentación para compensar el tiempo excesivo de la primera.

¿CÓMO PODEMOS EVITAR QUE LAS MASAS SOBREFERMENTEN?

Lo más importante es controlar y respetar bien los tiempos y evitar «trucos» para acelerarlos. La temperatura ideal para la fermentación es en torno a los 28-30 °C y la humedad es una gran ayuda. Por este motivo, aunque hayamos escuchado que se puede meter la masa con el horno encendido para que la fermentación vaya más rápido, o incluso ponerla sobre el radiador, no debemos hacerlo, porque, si aumentamos demasiado la temperatura, la fermentación será excesivamente rápida y el riesgo de sobreferment será mucho mayor. Además, puede que matemos el efecto de la levadura, porque a partir de los 47 °C deja de actuar.

En este sentido, mi consejo es fermentar la masa con el horno apagado y poner al lado un bol con agua recién hervida. El agua caliente subirá la temperatura del espacio del horno de forma moderada, a la vez que aportará la humedad que la masa precisa.

Otra alternativa es retardar la fermentación, para lo que usaremos el frigorífico. Del mismo modo que al subir la temperatura se acelera la fermentación, al bajarla la levadura trabajará más lentamente. Podemos así convertir una fermentación de 2 horas en 8-12 horas en el frigorífico. Esta técnica podemos aplicarla tanto al primer levado como al segundo.

Si después de estas 8-12 horas en frío la masa ya ha alcanzado el volumen deseado, podremos seguir adelante con la receta sin necesidad de que la masa vuelva a temperatura ambiente. Si no ha crecido lo suficiente, tendremos que dejarla a temperatura ambiente para que termine la fermentación que quede pendiente.

¿Cuánto tiempo durará mi bollo jugoso tras el horneado?

La bollería casera tiene una vida más corta que la industrial debido a que no añadimos ningún tipo de conservante ni aditivo. Sin embargo, esto no quiere decir que nuestros bollos tengan que estar duros al día siguiente. Si sucede eso, puede que estemos cometiendo algún error en el amasado o en el horneado.

¿Y cuáles son estos errores? En el amasado, el principal suele ser añadir excesiva harina sobre la mesa. Pensemos que cada vez que la usamos para evitar que la masa se pegue, esta la incorpora. Si añadimos mucha harina, la pasta dejará de pegarse, pero la masa final estará reseca y pesada. Por eso recomiendo amasar sobre una superficie engrasada con un poquito de aceite y no enharinada.

En el horneado, el principal problema suele ser el exceso de tiempo, y es que cada minuto extra que pasa nuestro bollo en el horno es jugosidad que pierde. Para comprobar la cocción podemos utilizar un palillo —cuando salga limpio, estará listo— o un termómetro —la temperatura interior de nuestro bollo deberá estar en torno a 85-88 ºC—. En este sentido, es importante recordar que el material del molde que usemos afecta al tiempo de cocción —si horneamos en vidrio o cerámica tardará más que en moldes metálicos— y que las piezas individuales se cocinan muchísimo antes que las grandes.

Bollos japoneses de leche

En esta receta aprenderemos el uso del *tang zhong*, una técnica que tiene su origen en Asia y que fue popularizada por Yvonne Chen en su libro *65º Bread Doctor* (2010). Se trata de cocinar parte de la harina de la receta en líquido antes de mezclarla con el resto de los ingredientes. Esta autora usa cinco partes de líquido y una de harina, tal y como haremos nosotros aquí. La técnica consiste en mezclar los ingredientes, calentarlos y llegar a los 65 ºC, temperatura en la que los almidones de la harina se «pregelatinizan», lo que hace que puedan absorber más líquido —y, de paso, mantener las masas jugosas y blandas durante más tiempo—. El resultado son panes muy esponjosos que se conservan como recién hechos durante días. Como curiosidad, podemos preparar el *tang zhong* hasta 3 días antes y conservarlo en la nevera.

INGREDIENTES PARA 9 BOLLOS

PARA EL *TANG ZHONG*

40 g de agua
40 g de leche entera
16 g de harina de fuerza

PARA LA MASA

330 g de harina de fuerza
20 g de leche en polvo
50 g de azúcar blanco
1 cucharadita de sal
8 g de levadura seca de panadero
(24 g de levadura fresca)
115 g de leche
1 huevo
60 g de mantequilla fundida

Comenzamos con el *tang zhong*: mezclamos la leche con la harina y el agua en frío, hasta que no queden grumos. Calentamos en un cazo a fuego lento hasta que empiece a espesar; debe superar los 65 ºC si estamos usando un termómetro. Retiramos del fuego y dejamos que vuelva a temperatura ambiente cubierto con *film*.

Una vez listo, amasamos el *tang zhong* con el resto de los ingredientes de la masa. Podemos usar el gancho de la amasadora o amasar sobre la mesa. En este último caso, recordemos usar aceite para evitar que la masa se pegue, en lugar de añadir harina. Amasamos hasta que la masa esté elástica.

Pasamos la masa a un bol engrasado y dejamos fermentar cubierto con *film* hasta que haya crecido visiblemente, en torno a 2 horas. También podemos dejar fermentar durante 1 hora y después en la nevera durante toda la noche.

Dividimos la masa en 9 porciones, boleamos cada una de ellas con cuidado, y colocamos en un molde cuadrado de 22 cm. Dejamos fermentar de nuevo, cubierto con un *film* engrasado, en torno a una hora.

Precalentamos el horno a 180 ºC con calor arriba y abajo y pintamos los bollitos con huevo batido. Horneamos 25-30 minutos o hasta que estén dorados y al pinchar con un palillo salga limpio. Dejamos enfriar 10 minutos en el molde y después sobre una rejilla.

5

6

7

8

Corona de *brioche* con crema pastelera

El *brioche* es el bollo francés por excelencia y se caracteriza por su elevado contenido en huevo y mantequilla, lo que le da un sabor inigualable y una gran suavidad y jugosidad. Aparece mencionado en el año 1611, en el diccionario de Cotgrave *A Dictionarie of the French and English Tongues*, y después lo hace de forma repetida en los recetarios franceses a través de los siglos. Este tipo de masa se utiliza en numerosas elaboraciones, tanto solo como con rellenos variados. Nosotros elaboraremos una variedad irresistible en la que combinaremos la masa de *brioche* con la crema pastelera, quizá una de las uniones más gloriosas que jamás hayan existido.

INGREDIENTES

PARA EL *BRIOCHE*

5 g de levadura seca
o 15 g de levadura fresca
55 g de azúcar
375 g de harina de fuerza
1,5 cucharaditas de sal
3 huevos camperos
170 g de mantequilla
a temperatura ambiente
40 g de leche
15 ml de *brandy*
(opcional, lo puedes sustituir por leche)

PARA RELLENAR Y DECORAR

Una receta de crema pastelera preparada
y a temperatura ambiente (página 130)
Huevo batido
Azúcar perlado

Si estamos usando la amasadora, con el gancho mezclaremos, en primer lugar, la harina con la sal, el azúcar y la levadura. Incorporamos los huevos batidos con la leche (y el *brandy*, si lo vamos a usar), a temperatura ambiente, y amasamos a velocidad media-baja hasta que se desarrolle la membrana. Si la batidora coge mucho calor, podemos parar el motor cada 5 minutos y que «descanse» uno. Pasado este tiempo, la masa debería estar muy elástica y despegarse de las paredes del bol.

En caso de amasar a mano, mezclaremos también todos los ingredientes menos la mantequilla. Si nos resulta muy tedioso, amasaremos durante 3-4 minutos y haremos reposos de 10 minutos —durante los reposos podemos cubrir la masa con un bol o un trapo—. En todo caso, si nos está costando amasar, podemos usar aceite para evitar que la masa se pegue, en lugar de añadir harina.

Sin dejar de amasar, añadiremos poco a poco la mantequilla para que se vaya incorporando hasta que la pasta sea muy elástica y brillante. Es un amasado largo.

Pasamos la masa a un bol engrasado y dejamos fermentar cubierto con *film* hasta que haya crecido visiblemente, en torno a 3 horas. También podemos dejar fermentar durante 1 hora y después reservar en la nevera toda la noche.

Pasado este tiempo, haremos nuestro *brioche*. Estiramos la masa con un rodillo sobre una superficie enharinada hasta que tenga forma rectangular y un grosor aproximado de 1 cm. Extenderemos por encima la crema pastelera llegando hasta los bordes. Enrollaremos la masa y cortaremos el cilindro a lo largo, por la mitad. Después, trenzaremos ambas partes, como si estuviéramos elaborando el tradicional *babka*, y le daremos forma de corona aprovechando nuestro molde. Cubriremos con *film* engrasado y dejaremos fermentar otras 2-3 horas, hasta que haya crecido de nuevo visiblemente. En ese momento, precalentamos el horno a 180 ºC, pincelamos el *brioche* con huevo y decoramos con el azúcar perlado. Horneamos durante 25 minutos o hasta que al pinchar con un palillo salga limpio.

5

6

7

8

Rollos de vainilla y fresas

El puré de patata instantáneo, unido a la leche en polvo, hace que estos bollos sean tremendamente esponjosos y ligeros. Ambos ingredientes absorben humedad en la elaboración y hacen que la masa se conserve varios días como si estuviera recién horneada. Además, precisamente por su capacidad de absorción, la masa es muy fácil de trabajar. Aquí los rellenaremos con fresas, pero no dudes en probar otras alternativas.

INGREDIENTES

PARA LA MASA

360 g de harina de fuerza
8 g de levadura seca de panadero
(o 24 g de levadura fresca)
40 g de azúcar
5 g de sal
30 g de leche en polvo
45 g de puré de patata instantáneo
90 g de mantequilla fundida
260 ml de agua tibia
2 cucharaditas de vainilla en pasta
o las semillas de una vaina

PARA EL RELLENO

500 g de fresas
50 g de azúcar
15 g de maicena
1 cucharada de agua
Las semillas de una vaina de vainilla
o 2 cucharaditas de vainilla en pasta

PARA GLASEAR

50 g de azúcar glas
200 g de queso de untar

Colocamos en un bol la harina, el azúcar, la levadura, la leche en polvo, la sal y el puré de patata, y añadimos el agua tibia, la vainilla y la mantequilla fundida. Amasamos hasta tener una masa elástica y homogénea.

Pasamos la masa a un bol engrasado y dejamos fermentar cubierto con *film* hasta que haya crecido visiblemente, en torno a 2 horas.

Durante este tiempo preparamos el relleno: calentaremos las fresas con el azúcar blanco y la vainilla a fuego lento hasta que empiecen a soltar sus jugos. Cuando estén bien blanditas y el azúcar se haya disuelto, incorporaremos la maicena disuelta en el agua. Coceremos a fuego medio hasta que espese. Retiramos del fuego y dejamos que vuelva a temperatura ambiente.

Estiraremos la masa con un rodillo sobre una superficie enharinada hasta que tenga forma rectangular y un grosor aproximado de 1 cm. Extenderemos por encima el relleno, llegando hasta los bordes. Enrollamos la masa, cortamos el cilindro en 12 rodajas iguales y las colocamos sobre el molde engrasado que vayamos a usar. Las dejamos reposar nuevamente en torno a 1 hora, filmadas, hasta que doblen su tamaño. Luego horneamos a 180 ºC durante 20-25 minutos, hasta que los rollos estén dorados y al introducir un palillo salga limpio.

Desmoldamos y dejamos que vuelvan a temperatura ambiente. Mientras tanto preparamos el glaseado. Mezclamos el azúcar glas bien tamizado con el queso y removemos hasta que tenga la consistencia deseada. Lo usamos para decorar nuestros rollos.

CUESTIÓN DE GUSTOS

En mi casa los más solicitados son los de crema de cacao y avellanas con plátano —directamente los relleno con la crema y rodajas de plátano— y los de pistacho —con crema de pistacho y trocitos de este fruto seco—.

Dónuts de tarta de zanahoria

Un dónut es una masa fermentada que se fríe para obtener un acabado esponjoso y muy jugoso. No he podido resistirme a incluir mi receta favorita de dónuts: los de zanahoria. Tienen la esponjosidad de los dónuts con todo el sabor de la clásica *carrot cake*.

INGREDIENTES

Para 8-12 unidades

PARA LA MASA DE ARRANQUE

180 ml de leche a temperatura ambiente
90 g de harina común
8 g de levadura seca
(o 24 g de levadura fresca)

PARA LA MASA

La masa de arranque
que habíamos preparado
2 g de levadura seca de panadero
(o 6 g de levadura fresca)
70 ml de leche
300 g de harina de fuerza
3 yemas
50 g de azúcar blanco
½ cucharadita de sal
100 g de zanahoria picada muy finamente
2 cucharadas de nueces
picadas muy finamente
1 cucharadita de canela
Una pizca de jengibre en polvo
Una pizca de clavo
60 g de mantequilla fundida

PARA EL GLASEADO

90 g de queso de untar
180 g de azúcar glas
Un chorrito de leche

En un bol, mezclamos los ingredientes de la masa de arranque hasta obtener una pasta. Tapamos y dejamos reposar 30 minutos. Crecerá mucho, hasta duplicar su volumen. Pasado ese tiempo, en un bol mezclamos todos los ingredientes de la masa e incorporamos también la masa de arranque. Una vez la masa sea homogénea, utilizamos el amasado francés sobre una superficie engrasada con aceite para lograr elasticidad. No pasa nada si está un poco pegajosa, lo importante es que esté elástica. Pasamos la masa a un bol previamente engrasado. Por supuesto, podemos hacer también todo el proceso usando nuestra amasadora provista del gancho.

Dejamos reposar en un lugar cálido durante 30 minutos, después le quitamos el gas y refrigeramos entre 1 y 12 horas. Con la masa fría será más fácil trabajar con ella.

Estiramos la masa sobre una superficie enharinada hasta que tenga 1,5 cm de grosor. Cortamos los dónuts y los dejamos sobre una bandeja engrasada. Yo utilizo un cortador de 8 cm para el exterior y uno de 3 cm para el interior. Cubrimos con *film* y dejamos reposar otros 30-40 minutos, hasta que hayan doblado su tamaño. Si están listos, al presionarlos suavemente recuperarán su forma lentamente. Si lo hacen muy rápido, es que aún no lo están, y si lo hacen muy lento es que se han pasado de fermentación.

Preparamos la freidora o la sartén con aceite a 180 ºC-190 ºC. Freímos cada dónut entre 1 y 2 minutos por cada lado. Dejamos enfriar sobre una rejilla.

Para glasear, mezclamos el queso de untar con el azúcar glas. Incorporamos leche poco a poco hasta obtener la textura deseada. Bañamos cada dónut y decoramos con más nueces picadas y zanahoria rallada.

PREPARA BOLITAS DE DÓNUT

Si quieres preparar estos deliciosos bocados, puedes hacerlo fácilmente. Simplemente no reamases los centros de los dónuts cuando los cortes con el cortador de 3 cms. Déjalos fermentar y fríelos hasta que estén doraditos. Después, rebózalos en azúcar blanco mezclado con canela. ¡Deliciosos!

Trenza de miel

La miel es una gran aliada para mantener nuestras masas suculentas durante más tiempo. Es un ingrediente muy higroscópico, por lo que conserva la humedad de las preparaciones. En este caso, vamos a usarla para endulzar, pero también para aromatizar y hacer más jugosa nuestra deliciosa trenza.

INGREDIENTES

Para 1 trenza

360 g de harina de fuerza
5 g de sal
50 g de miel
8 g de levadura
115 ml de leche
60 ml de aceite
2 huevos

Mezclamos la harina, la sal y la levadura. Incorporamos la miel, el aceite, la leche y los huevos. Amasamos hasta tener una masa bien elástica, tardaremos unos 6-8 minutos en la amasadora o a mano. Dejamos reposar entre 1,5 horas y 2 horas, hasta que la masa haya crecido visiblemente y esté bien esponjosa.

Dividimos la masa en 4 porciones y boleamos cada una. A continuación, las estiramos para formar cuatro «churritos» y las trenzaremos alternando los cabos, tal y como se enseña en las imágenes. Colocamos la trenza sobre una bandeja de horno y cubrimos con film engrasado. Dejamos fermentar de nuevo en torno a 45 minutos o 1 hora.

Precalentamos el horno a 180 ºC con calor arriba y abajo y pintamos la trenza con huevo batido. Horneamos 20-25 minutos o hasta que esté dorada y al pinchar con un palillo salga limpio.

Dejamos enfriar 10 minutos en la bandeja y después sobre una rejilla.

Paso a paso

Croissants

Este maravilloso dulce hojaldrado tiene su origen en el bollo austriaco Kipferl con forma de media luna y masa de *brioche* que data su origen en el medievo. Es en el siglo xix cuando llega a París de la mano de la pastelería vienesa de August Zang, ganando gran popularidad e inspirando a otros pasteleros a crear sus propias versiones. En 1915, S. C. Goy publica por primera vez una receta de *croissant* en su libro *La cuisine Anglo-Americaine*, usando una masa hojaldrada, dando lugar al *croissant* tal y como lo conocemos hoy en día.

INGREDIENTES

PARA LA MASA

500 g de harina panadera
(10-11 g de proteína)
7 g de levadura seca o
21 g de levadura fresca
8 g de sal
60 g de azúcar
15 g de azúcar invertido o miel
125 ml de leche
125 ml de agua
50 g de mantequilla pomada

PARA LOS PLIEGUES

250 g de mantequilla fría

PARA PINCELAR

Huevo batido

Comenzamos preparando la masa el día anterior. Colocamos la harina en un bol junto con la levadura, el azúcar y la sal. Añadimos el agua y la leche, y finalmente la mantequilla fundida. Con el gancho, o a mano, amasamos hasta tener una masa homogénea y lisa. Deberá estar elástica. La cubrimos con *film* y la dejamos reposar en la nevera hasta el día siguiente, en torno a 12 horas, para que fermente y esté bien fría al trabajar con ella.

Además, cogemos la mantequilla y la colocamos entre dos papeles. La estiramos hasta conseguir que tenga aproximadamente un tamaño de 20 × 20 cm y que sea exactamente la mitad del tamaño de nuestra masa. Refrigeramos.

Comenzamos con los pliegues. Sacamos la mantequilla de la nevera para que pierda el exceso de frío, ya que la necesitamos fría, pero no excesivamente para que no se rompa al manipularla; lo ideal es que esté a 12 ºC.

Sacamos la masa de la nevera y la estiramos hasta lograr un rectángulo de 40 × 20 cm, aproximadamente. Encima ponemos la mantequilla en el centro y la cubrimos con los dos extremos de la masa. Es importante que cerremos bien los bordes.

Ahora la vamos a colocar de forma que nuestra masa tenga a izquierda y derecha los laterales que estaban cerrados, y en el centro el lugar en el que se unieron ambos extremos. En esa posición, estiraremos con un rodillo la masa desde el centro hacia arriba y del centro hacia abajo, hasta que mida aproximadamente 60 x 20 cm. Es muy importante que no se caliente la preparación y, sobre todo, que no se integre la mantequilla en la misma. Cuando tengamos la masa con la longitud deseada, haremos un pliegue sencillo y llevaremos un extremo corto hacia el centro. Colocamos el otro extremo encima y nos quedará como un libro, es decir, con «lomo» a un lado y, al otro lado, «las hojas». Cubrimos con *film* y refrigeramos al menos 30 minutos.

▼

Paso a paso

Colocamos la masa sobre la superficie enharinada con el «lomo» a la derecha. Estiramos de nuevo hasta conseguir el mismo tamaño de 60 × 20 cm, siempre con cuidado de no calentar la masa. Ahora haremos un pliegue doble: plegamos el lado superior hasta cubrir un tercio de la masa y después el inferior hasta cubrir el resto. A continuación, doblamos todo en dos, cubrimos con *film* y refrigeramos de nuevo.

Ahora, para cortar la masa y hacer los *croissants*, pasado el tiempo de enfriado, estiramos la masa sobre la superficie enharinada hasta que tenga una longitud de unos 65 x 28 cm, y unos 4 mm de grosor. Cortamos los extremos de la masa, aproximadamente 1 cm de cada lado.

Cortamos triángulos de 8 cm de base. Para facilitar el enrollado, haremos un pequeño corte en cada base, justo en el centro, de aproximadamente 1 cm.

Colocamos los *croissants* sobre una bandeja de horno cubierta con papel, bien espaciados. Es importante que el pico quede metido debajo de cada pieza, para evitar que al crecer se desmonten. Cubrimos con un *film* engrasado y dejamos fermentar en torno a 3 horas, hasta que hayan duplicado su volumen.

Precalentamos el horno a 180 ºC. Pintamos con huevo los *croissants*; no debemos pintar la parte laminada, es decir, los laterales por los que vemos las capas hojaldradas, sino solo la parte superior.

Horneamos 15 minutos hasta que estén bien dorados.

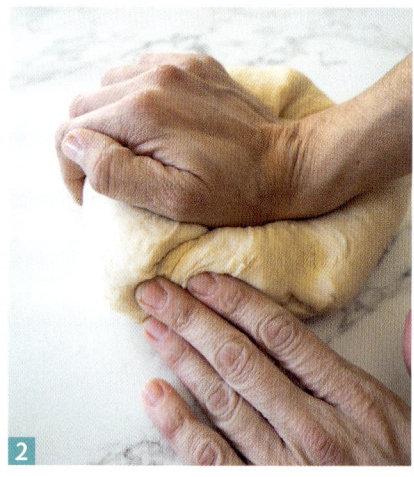

Cruffins de manzana, pera y canela

Los *cruffins* son un invento reciente que ha ganado gran popularidad en la última década. Básicamente se trata de hornear la masa de *croissant* con la forma de *muffin*, para después rellenarla con el sabor deseado.

INGREDIENTES

PARA LA MASA

Una masa de *croissant*
(receta página 360).

PARA EL RELLENO

200 g de manzana
100 g de pera
1 cucharadita de zumo de limón
15 g de mantequilla
120 ml de agua
40 g de panela
1 cucharada de maicena
1 cucharadita de canela

PARA DECORAR

50 g de mantequilla fundida
50 g de azúcar
½ cucharadita de canela

Comenzamos preparando el relleno: cortamos las manzanas y las peras en dados de 1 cm, mezclamos con el zumo de limón para evitar que se oxiden y lo colocamos en un cazo junto con la mantequilla. Calentamos hasta que se funda la mantequilla con 80 ml de agua, la canela y el azúcar. Cocemos hasta que la manzana esté blanda, pero no deshecha. En ese momento disolvemos la maicena en el resto del agua, la incorporamos y cocemos hasta que espese. Retiramos y dejamos enfriar por completo antes de cubrir con *film*.

Elaboramos la masa de *croissant* siguiendo las instrucciones de la receta anterior. Una vez la masa esté fría, la estiramos hasta que tenga un grosor de 1 cm. Cortamos en tiras de aproximadamente 2 cm de ancho y 20 cm de largo. Las colocamos de dos en dos y las enrollamos juntas, metiendo los extremos por la base y cerrando bien las uniones. Después, les damos la vuelta y hundimos el centro usando nuestro dedo índice o un utensilio de cocina.

Colocamos cada *cruffin* en un hueco de nuestro molde para *cupcakes* bien engrasado y dejamos fermentar en torno a 3 horas, o hasta que hayan duplicado su volumen.

Precalentamos el horno a 180 ºC y horneamos 20 minutos hasta que estén bien dorados.

Una vez hayan vuelto a temperatura ambiente, rellenamos con la compota de manzana y pera usando una manga pastelera antes de servir. Pintamos con la mantequilla fundida y finalmente los rebozamos en el azúcar mezclado con canela.

Croissant roll (también conocido como *New York roll*)

La masa de *croissant* no solo nos sirve para elaborar otros dulces tradicionales como las caracolas o las napolitanas —que te invito a probar cuando tengas un rato para aprovechar la masa de hojaldre—, sino que también nos permiten elaborar delicias tan de moda como los *croissant rolls*.

INGREDIENTES

PARA LA MASA

Una masa de *croissant*
(receta página 360).

PARA EL GLASEADO

150 g de chocolate con leche
50 g de crema de avellanas
100 g de nata de montar 35 % mg
10 g de azúcar invertido

Preparamos la masa de *croissant* siguiendo las instrucciones de la receta anterior. Una vez esté lista, la dejamos en la nevera mientras preparamos la *ganache*.

Preparamos el glaseado: fundimos el chocolate cuidadosamente. Añadimos la crema de avellana. Ponemos a calentar la nata con el azúcar invertido. Cuando comience a hervir, lo agregamos al chocolate en tres veces. Emulsionamos con una espátula y después usamos la batidora de inmersión para perfeccionar la emulsión.

Dejamos reposar en un bol a temperatura ambiente y cubierto con *film* a piel.

Para elaborar los *croissant rolls* necesitaremos aros de 10 cm de diámetro y 4,5 cm de altura. Estiraremos nuestra masa sobre una superficie enharinada hasta que tenga unos 5 mm de grosor y la cortamos en tiras de aproximadamente 3 cm.

Colocamos los aros sobre una bandeja de horno cubierta con papel. Para cada *croissant roll* iremos enrollando las tiras una sobre otra hasta obtener un *roll* de un tamaño aproximado de la mitad de nuestro aro. Repetimos la operación hasta acabar con toda la masa. Cubrimos con *film* engrasado y dejamos fermentar 3 horas.

Pasado este tiempo, retiramos el *film* y colocamos encima un papel de horno y, sobre él, otra bandeja; puede ser un molde de vidrio o de cerámica. De esta forma, controlaremos que la masa no se salga del molde y la forma nos quede perfecta.

Horneamos durante 30 minutos a 185 °C con calor arriba y abajo, o a 160 °C si es con aire, y después retiramos el peso, la bandeja y el papel de horno superior. Los volteamos y seguimos horneando 10 minutos más, o hasta que los *rolls* estén bien dorados. Luego, voltearemos para comprobar que el color sea uniforme.

Dejamos enfriar por completo. Una vez estén a temperatura ambiente, agujereamos con la ayuda de un cuchillo o brocheta y rellenamos nuestros rollos con la *ganache*, usándola también para decorar.

Añadimos una chocolatina y avellana picada.

MASAS FERMENTADAS

Tabla de adaptaciones

La siguiente tabla nos ayudará con los cálculos si no disponemos del molde que requiere la receta original.

Tamaño del molde que pide la receta (cm)	Tamaño del molde que tenemos en casa (cm)	Multiplica la receta original por
15	18	1,5
15	20	2
15	22	2,5
15	25	3
18	15	0,65
18	20	1,25
18	22	1,5
18	25	2
20	18	0,8
20	15	0,5
20	22	1.20
20	25	1,5
22	15	0,5
22	18	0,65
22	20	0,8
22	25	1,25
25	15	0,4
25	18	0,5
25	20	0,65
25	22	0,8

Otras adaptaciones que nos pueden ayudar:

- Si la receta pide un molde de *bundt cake* de 9 o 10 tazas, podemos hornearlo en un molde de 25 cm, a poder ser de tubo, para facilitar una cocción uniforme.
- Si la receta indica un molde de *cake* estándar —suelen tener 24-25 cm de largo y 11-12 cm de ancho, aproximadamente—, podemos hornear en un molde de 23 cm de diámetro bajo o en uno de 20 cm alto o en un molde *bundt* pequeño de 6 tazas. Simplemente debemos recordar que en cualquiera de estos moldes tardará menos en hornearse que en el de *cake*, que está concentrado en un espacio más pequeño y, por tanto, el calor tarda más en llegar a su interior.

CONSEJO

Recordemos que, si estamos convirtiendo moldes cuadrados a redondos, o al revés, un molde cuadrado equivaldrá siempre al tamaño inmediatamente superior de uno redondo. Es decir, un molde de 15 cm cuadrado equivale a uno redondo de 18 cm, y un molde cuadrado de 20 cm, a un molde redondo de 22 cm.

Pesos y medidas más habituales	
¼ de cucharadita	1,2 ml
½ cucharadita	2,5 ml
Cucharadita	5 ml
½ cucharada	7,5 ml
Cucharada	15 ml
¼ de taza	60 ml
⅓ de taza	80 ml
½ de taza	120 ml
¾ de taza	180 ml
1 taza	240 ml
Levadura química y bicarbonato	
1 cucharadita	4,5 g
½ cucharadita	2,2 g
¼ de cucharadita	1,1 g
1,5 cucharaditas	7 g
2 cucharaditas	9 g

Agradecimientos

Escribir este libro ha sido muy especial para mí. Después de tantos años dedicada a la repostería, tenía ganas de poder, por fin, reunir mis recetas favoritas en un solo libro y contaros, con todo detalle, por qué usamos los ingredientes que usamos o por qué realizamos los diferentes procesos. Ha sido un esfuerzo titánico (¡os juro que a ratos pensé que no conseguiría acabarlo!), pero ha merecido la pena al cien por cien. Por ello, no puedo concluir este libro sin dar gracias a todas las personas que han hecho posible que vea la luz.

A Bruno, Lola y Chloe. Sois mi vida, lo que más quiero en el mundo mundial. Gracias por ser la energía que me mueve. Espero que, de mayores, os gusten todos estos libros que hace mamá, y que entendáis por qué la casa estaba siempre llena de dulces y con un trípode en medio de la cocina día sí y día también.

A Lucas. Gracias por aguantarme cuando estoy en pleno proceso creativo, ¡sé que no es sencillo!, y gracias por poner algo de orden en nuestra locura de familia. Te quiero.

A mis padres, por su eterno apoyo y su cariño. Por catar todos los dulces que hago y por animarme siempre en todos mis proyectos. Por ser un ejemplo a seguir en todos los aspectos. Soy afortunada de tener los mejores padres del mundo. Os quiero infinito.

A Ángeles Aguilera y Andrea Toribio por haber transformado un proyecto que me gustaba en uno que me ha apasionado. Habéis conseguido hacer realidad mi sueño.

A Lourdes, Chucha, Feli y Koké, mis queridas tías. Gracias por estar siempre ahí.

A todo el equipo de Scope, con los que tantas horas paso grabando mis cursos *online* y mis recetas de YouTube, y que son mis catadores más fieles. Gracias por las risas.

A mis compis de la FM por tantas horas de extenuación y pegues. ¡Mi salud mental ha mejorado infinitamente gracias a vosotros!

Y, por supuesto, gracias a todas las personas que me seguís después de tantos años. Gracias por estar siempre presentes a través de las redes sociales, pero también en los cursos presenciales, en los cursos *online*, en las firmas de libros... Gracias por seguir confiando en mis recetas año tras año. La verdadera motivación para escribir este libro sois vosotros. Espero que estas recetas os hagan muy felices. Que sepáis que vosotros me hacéis muy feliz a mí.